Kohlhammer
Urban-
Taschenbücher

Band 380

Heinz-Dieter Schmalt

Motivations-psychologie

Verlag W. Kohlhammer
Stuttgart Berlin Köln Mainz

CIP-Kurztitelaufnahme der Deutschen Bibliothek

Schmalt, Heinz-Dieter:
Motivationspsychologie / Heinz-Dieter Schmalt.
– Stuttgart; Berlin; Köln; Mainz; Kohlhammer, 1986.
(Urban-Taschenbücher; Bd. 380)
ISBN 3-17-009244-8
NE: GT

Stuttgart Berlin Köln Mainz
Verlagsort: Stuttgart
Umschlag: hace
Gesamtherstellung:
W. Kohlhammer Druckerei GmbH + Co. Stuttgart
Printed in Germany

Inhalt

Vorwort

Die Motivationspsychologie beschäftigt sich mit Sachverhalten, denen in den letzten Jahren ein wachsendes Interesse entgegengebracht worden ist. Längst werden motivationspsychologische Probleme und Fragestellungen nicht mehr nur ausschließlich in dem dafür »zuständigen« Teilgebiet der Psychologie behandelt; in viele andere Bereiche – etwa der Differentiellen Psychologie, der Sozialpsychologie, der Emotions- und Lernpsychologie, ja selbst der Wahrnehmungs- und Gedächtnispsychologie – haben motivationspsychologische Konzepte hineingewirkt. Diese Entwicklung hat zu einem Reichtum an Theoriebeständen und Forschungsergebnisse geführt, der selbst für den Eingeweihten kaum noch überschaubar ist.

Umso mehr ist bei vielen, die sich das Gebiet der Motivationspsychologie neu erschließen oder die Motivationspsychologie nur am Rande ihres eigenen Forschungs- oder Interessengebiets verfolgen wollen, der Wunsch nach einer kurzen und dabei relativ umfassenden Darstellung entstanden.

Um die Vielfalt motivationspsychologischer Theoriebildungen und die Mannigfaltigkeit ihrer Forschungsprogramme zu ordnen, haben wir eine historische Darstellungsweise des Ablaufs der Forschung gewählt. Eine solche Darstellung läßt Konkurrenz und Wettstreit unter den verschiedenen theoretischen Ansätzen ebenso erkennen wie den sich vollziehenden Wechsel in der zugrundeliegenden Forschungsprogrammatik. Zudem bietet eine historische Darstellungsweise auch die Möglichkeit, wiederkehrende Anliegen der Motivationspsychologie in ihrem epochalen Wandel aufzugreifen.

Um diese Hauptentwicklungslinien der Motivationspsychologie freizulegen, waren Eingrenzungen, Auslassungen und schließlich ein erhebliches Maß an Selektivität notwendig. Hierbei die richtigen Maßstäbe angelegt und die angemessenen Bewertungen vorgenommen zu haben, kann der Autor nur hoffen.

Schließlich wäre auch dieses Buch nicht zustande gekommen ohne die Mithilfe einer Reihe von Personen, bei denen ich mich an dieser Stelle herzlich bedanken möchte. Mein besonderer Dank gilt Frau Carola Ludwig, die großen Anteil daran hat, daß aus einem Paket von kaum lesbaren Manuskriptseiten schließlich ein lesbares Buch geworden ist.

Wuppertal, im Februar 1986

1. Einleitung: Von der Motivation zur Motivationstheorie

Uns allen ist der Umgang mit motivationspsychologischen Sachverhalten vertraut. Im täglichen Umgang miteinander erweisen wir uns häufig als eifrig tätige Motivationspsychologen. Wir beobachten z. B. das Verhalten eines Jungen auf einem Schulhof, der seine Mitschüler in Streitereien zu verwickeln versucht und schließlich mit ihnen in handgreifliche Auseinandersetzungen gerät. Zweifellos ein Verhalten, das wir als »aggressiv« bezeichnen würden. Unsere motivationspsychologischen Bemühungen bleiben bei einer solchen Verhaltensbeschreibung jedoch nicht stehen, sie greifen weiter. Aus dem beobachteten aggressiven Verhalten wird erschlossen, daß der beobachtete Junge aggressiv ist. Ihm wird – motivationspsychologisch gesehen – ein Motiv zugeschrieben (Aggressivität), mit dem dann sein Verhalten erklärt werden kann.

Mit einer solchen Erklärung eines beobachteten Verhaltens durch ein »Motiv« ist ein erster wichtiger Schritt getan, es ist nämlich eine Theorie formuliert worden – freilich der einfachsten Art – mit der ein gegebenes Ereignis erklärt werden kann. Eine solche Erklärung geschieht, wie in vorliegendem Beispiel, allerdings unter Rückgriff auf eine Größe, die selbst nicht beobachtbar ist; eine erschlossene, ausgedachte Größe. Die Erklärung eines beobachteten Sachverhalts mit Hilfe einer erschlossenen Größe, wie hier dem Motiv, eröffnet die Möglichkeit, sich einen weitreichenden Vorteil zu verschaffen: Sie läßt Vorhersagen auf die Zukunft zu. Jemand, dem wir in unserer alltagspsychologischen Theoriebildung das Motiv Aggressivität zugeschrieben haben, wird sich auch mit großer Wahrscheinlichkeit in Zukunft aggressiv verhalten, und wir können unser eigenes Verhalten daraufhin abstimmen.

Das Tun des Wissenschaftlers, der sich mit motivationspsychologischen Problemen beschäftigt, ist prinzipiell nicht sehr verschieden von dem oben geschilderten Vorgang. Er beobachtet Verhalten, er versucht, dieses Verhalten unter Zuhilfenahme sehr allgemeiner, häufig ausgedachter und nicht beobachtbarer Größen (sog. Theoretische Konstrukte) zu erklären, um damit dann Vorhersagen für erneut auftretendes Verhalten zu machen. Dieses kann er dann unter experimentell kontrollierten Bedingungen registrieren und mit seinen Vorhersagen vergleichen.

Aus dem Tätigwerden des Wissenschaftlers resultieren in aller Regel komplexere theoretische Gebilde als jenes, das wir oben geschildert haben. Dies liegt nicht nur darin begründet, daß er sich professionellerweise mit der Motivationspsychologie beschäftigt, sondern auch darin, daß die Dinge »in Wahrheit« natürlich sehr viel komplizierter sind als oben geschildert.

Die wissenschaftlich betriebene Motivationspsychologie hat seit ihren Anfängen eine ganze Reihe solcher theoretischer Erklärungsansätze hervorgebracht, die sich in vielen Punkten oft ganz wesentlich unterscheiden, wie wir noch sehen werden. Die Unterschiedlichkeit motivationspsychologischer Theorien liegt einerseits darin begründet, daß sie sich auf verschiedene Formen des Verhaltens beziehen und andererseits darin, daß sie einem epochalen Wandel unterliegen, indem sie sich als Abkömmlinge ganz allgemeiner Denk- und Forschungstraditionen (sog. Paradigmen) erweisen.

Motivationspsychologische Theorien lassen sich deshalb in zweifacher Weise ordnen. Zum einen danach, auf welche spezifische Form des Verhaltens (z. B. Hilfeleistung, Aggression, Sexualverhalten) sie sich beziehen und zum anderen danach, welcher Forschungstradition (z. B. der instinkttheoretischen, der behavioristisch-mechanistischen, der kognitiven) sie verpflichtet sind.

Trotz der Tatsache, daß sich viele Theorien lediglich auf ganz bestimmte Formen des Verhaltens beziehen und zudem einem epochalen Wandel in den zugrundeliegenden Erklärungsansätzen unterliegen, so ist doch die grundlegende Frage der Motivationspsychologie stets gleich geblieben. Sie beschäftigt sich nämlich mit dem »Warum« und »Wozu« menschlichen und tierischen Verhaltens.

In dieser Weise weit gefaßt haben motivationspsychologische Anliegen in der Psychologie einen nahezu universellen Geltungsbereich. Es ist kaum eine Beschäftigung mit menschlichem oder tierischem Verhalten denkbar, bei der nicht die Analyse des Verhaltens unter der genannten Perspektive denkbar und vielleicht sogar notwendig wäre. Ein derart weit gefaßtes Erklärungskonzept, in dem »Motivation« zu einem quasi universellen Charakteristikum praktisch jeden Zustandes eines Organismus wird (Maslow, 1954, S. 69), ist natürlich nur von begrenztem wissenschaftlichen Wert. Jene psychologischen Gegebenheiten, die mit dem Begriff »Motivation« erklärt werden sollen, müssen deshalb näher eingegrenzt und spezifiziert werden. Es erscheint sinnvoll, diese Eingrenzung an dem, was durch »Motivation« erklärt werden soll – das ist eben das Verhalten selbst – vorzunehmen.

Hierzu ist es zunächst notwendig, aus dem immerwährenden Strom des Verhaltens gewisse handhabbare Verhaltenseinheiten herauszulösen und diese unter motivationspsychologischer Perspektive zum Gegenstand wissenschaftlicher Betrachtungen werden zu lassen. Solche Verhaltenseinheiten müssen, wenn wir sie als Analyseeinheit benutzen wollen, einen klar definierten *Anfangs-* und *Endpunkt* besitzen. Ferner sind Einschränkungen bei der *Art* des zu erklärenden Verhaltens zu machen. Nicht jedes Verhalten bedarf des Motivationskonzepts zu seiner Erklärung. Hierbei ist insbesondere an jene Verhaltensweisen zu denken, die erschöpfend durch das Vorhandensein bestimmter Reizereignisse erklärt werden können, wie etwa die Reflexe oder bestimmte routinisierte Verhaltensgewohnheiten. Diese Typen von Verhaltensweisen sind reizgebunden und werden deshalb gerne als bloße Reaktionen, also als eine verhaltensmäßige Antwort auf eine bestimmte Reizgegebenheit beschrieben. Bei diesen Typen von Verhaltensweisen ist die Frage nach dem »Warum« zwar durch die Angabe der auslösenden Reizereignisse beantwortbar. Die Frage nach dem »Wozu« stellt sich bei dieser Art von Verhaltensweisen erst gar nicht, da diesen Verhaltenstypen ein wichtiges Element fehlt: nämlich ein *Ziel,* auf das hin der Organismus sein Verhalten ausrichtet.

Die Zielgerichtetheit des Verhaltens ist es dementsprechend, die die Verwendung des Motivationsbegriffs für die Verhaltenserklärung herausfordert. Jene Prozesse der Zielauswahl und Zielbildung, der verpflichtenden Bindung an ein Ziel (z. B. indem ein Vorsatz gefaßt wird) sowie die außerordentlich verschiedenen Teilprozesse, die die Zielerreichung sicherstellen sollen, stecken den Gegenstands- und Zuständigkeitsbereich der Motivationspsychologie ab. So rückt denn weniger die Tatsache, daß der Organismus in irgendeiner Weise tätig ist, in den Mittelpunkt der Motivationspsychologie, sondern vielmehr die Tatsache der unterschiedlichen Zielausrichtungen des Verhaltens.

Darüber hinaus haben noch zwei weitere Beobachtungen Aufmerksamkeit auf sich gezogen. Da ist zum einen die Beobachtung, daß bestimmte Verhaltenseinheiten zeitlich außerordentlich lang andauernd sind, häufig im Verlaufe der Ausführung gewaltige Anstrengungen unternommen werden, Hindernisse bei der Zielerreichung zu überwinden und daß der Organismus über größere Beobachtungszeiträume häufiger auf gleiche oder ähnliche Sachverhalte zurückkommt. Hiermit wird ein »wiederkehrendes Anliegen« eines Organismus deutlich, das einerseits die Stärke, die besondere *Wirksamkeit und Ausdauer des Verhaltens* zu einem herausgehobenen und damit erklärungsbedürftigen Sachverhalt macht und andererseits die Frage nach der *Aufrechterhaltung und Energetisierung des Verhaltens,* insbesondere auch angesichts großer *Widerstände* und Schwierigkeiten oder aber von *zielablenkenden Verlockungen,* zu einem eigenen Problemfeld macht.

Da, wie wir gesehen haben, Motivation als Erklärung für Verhalten sich gerade dort anbietet, wo Verhalten nicht nur aus den *objektiven äußeren* Reizgegebenheiten erklärt werden kann, müssen motivationale Erklärungsansätze auch auf die *subjektiven inneren* Erlebnisinhalte kognitiver und emotionaler Art aufbauen. Die herausgehobene Bedeutung der Zielgerichtetheit des Verhaltens für dessen motivationspsychologische Aufhellung war ein wesentlicher Grund für die im Verlaufe der historischen Entwicklung zunehmende Gewichtigkeit, die die inneren (subjektiven) gegenüber den äußeren (objektiven) Bedingungen in den theoretischen Formulierungen gewannen.
An den hier beschriebenen Auffälligkeiten und Besonderheiten des Verhaltens, die den Motivationsbegriff als wichtigen Erklärungsbegriff nahegelegt haben, werden denn auch die Charakteristika von Definitionen festgemacht. Eine gute, zusammenfassende Definition gibt Jones (1955); sie ist auch heute noch – trotz mehrerer Wenden und Wendungen in der motivationspsychologischen Theorienbildung – gültig. Danach soll der Motivationsbegriff erklären, ». . . wie Verhalten in Gang gesetzt wird, energetisiert wird, aufrechterhalten wird, gesteuert und schließlich beendet wird und welche Erlebnisvorgänge währenddessen im Organismus ablaufen« (Jones, 1955, S. 7).
Zusammenfassend gesehen beschäftigt sich die Motivationspsychologie also mit der Erklärung der

1. Aufnahme und Beendigung von Verhalten,
2. Zielausrichtung und Steuerung des Verhaltens,
3. Aufrechterhaltung und Energetisierung des Verhaltens,

wobei den erlebnismäßigen Vorgängen eine besondere Bedeutung zugeschrieben wird unabhängig davon, ob sie das Motivationsgeschehen nur begleiten oder es selbst leiten und steuern.
Wie wir bereits erwähnt haben, sind die grundlegenden Fragen und Probleme der Motivationspsychologie gleichbleibend und von zeitüberdauernder Gültigkeit. Was sich gewandelt hat, sind die Antworten, die von der Motivationspsychologie auf diese Fragen hin gegeben werden. Wie werden nun solche Antworten gefunden? Das eingangs bemühte Beispiel einer alltagspsychologischen Theoriebildung war zur Verdeutlichung dieses Vorgangs nur sehr näherungsweise zutreffend. Dies auch schon deshalb, weil sich der Prozeß der Theoriebildung an eine einmalige Beobachtung anknüpft. Wissenschaftliche Theoriebildungen bauen in aller Regel auf Beobachtungen auf, die unter identischen Bedingungen wiederholbar sind.
Können nun in einem Bereich gewisse Regelhaftigkeiten und Ge-

setzmäßigkeiten beobachtet werden, so gibt das dem Wissenschaftler gewöhnlich Anlaß, über die Gründe für die beobachteten Regelhaftigkeiten nachzudenken und diese zu erklären zu versuchen. Solche Größen, die einen beobachteten regelhaften Zusammenhang nicht nur beschreiben, sondern ihn auch erklären können, werden als motivationspsychologische *Konstrukte* bezeichnet. Sie sind zu verstehen als theoretische Abstraktionen und Generalisierungen, die aus Beobachtungen abgeleitet werden. Da diese Größen einen beobachteten Zusammenhang nicht nur beschreiben, sondern ihn unter Rückgriff auf allgemeinere Theorien oder andere Konstrukte auch erklären sollen, tragen diese Konstrukte oftmals einen »Bedeutungsüberschuß« (surplus meaning), der nicht durch die beobachteten Phänomene selbst, sondern durch die für die Erklärung des Phänomens bemühten allgemeineren Modellvorstellungen abgedeckt ist. Diese Konstrukte entziehen sich in aller Regel einer direkten Beobachtung. Sie sind erschlossene Größen und werden deshalb *»hypothetische Konstrukte«* genannt.
Die Motivationspsychologie kennt insbesondere zwei Typen solcher Konstrukte. Der erste Typ bezieht sich auf hypothetische Konstrukte, in denen organismische, speziell neurophysiologische Prozesse und Strukturen beschrieben werden, der zweite Typ bezieht sich auf mentale Prozesse und Strukturen, die sowohl bewußt als auch nicht bewußt sein können (Madsen, 1974).
Neben diesen hypothetischen Konstrukten, die entweder einen physiologischen oder mentalistischen Bedeutungsüberschuß haben, werden *»intervenierende Variablen«* häufig als Konstrukte herangezogen. Sie haben keinerlei Bedeutungsüberschuß und sind erschöpfend bestimmt durch ihre Beziehungen zu beobachtbaren Größen. Ihre Funktion in Theorien ist mehr beschreibender als erklärender Art (vgl. Madsen, 1974).
Betrachtet man den Verlauf der Theorienentwicklung im zeitlichen Längsschnitt, also unter dem Aspekt des epochalen Wandels, so werden zwei Tendenzen in dieser Entwicklung augenfällig. Zum einen handelt es sich darum, daß motivationspsychologische Theorien zunehmend komplexer werden. Die Motivationspsychologie nahm ihren Ausgangspunkt von Modellbildungen mit relativ summarischen Konstrukten, die einen sehr breiten unterstellten Gültigkeitsbereich hatten. Diese Theorien besaßen nur wenige, häufig nur ein einziges hypothetisches Konstrukt (z. B. einen Instinkt), das die gesamte Vielfalt motivationspsychologischer Phänomene – Anregung, Beendigung, Aufrechterhaltung und Steuerung des Verhaltens – erklären sollte. Bei zunehmender Ausdifferenzierung psychologischer Theorien und insbesondere auch bei zunehmender

Konfrontation motivationspsychologischer Theorien mit empirisch gewonnenen Daten in den dreißiger Jahren wurde der Gültigkeitsbereich der summarischen Konstrukte zunehmend schmaler. Neue Konstrukte traten hinzu und übernahmen Teilaspekte des Gültigkeitsbereichs der summarischen Konstrukte. Als letztes ist das Motivkonstrukt selbst von dieser Entwicklung betroffen. Es wurde jüngst aufgelöst und in mehrere Komponenten aufgegliedert (Heckhausen, 1977).

Die zweite der oben angesprochenen Entwicklungslinien bezieht sich auf unterschiedliche Sichtweisen in der Theorieentfaltung. Man kann nämlich bei dem Versuch, motiviertes Verhalten aufzuklären, Faktoren innerhalb der Person, in der Situation liegende Faktoren oder ein Gemisch aus beiden (eine Person-Situation-Interaktion) heranziehen. Berücksichtigt man zu diesen drei Grundmodellen noch einige Modellvarianten, lassen sich insgesamt sechs Modelltypen voneinander abheben (vgl. Abb. 1).

Bei den ersten beiden Modelltypen handelt es sich um reine *Person-*

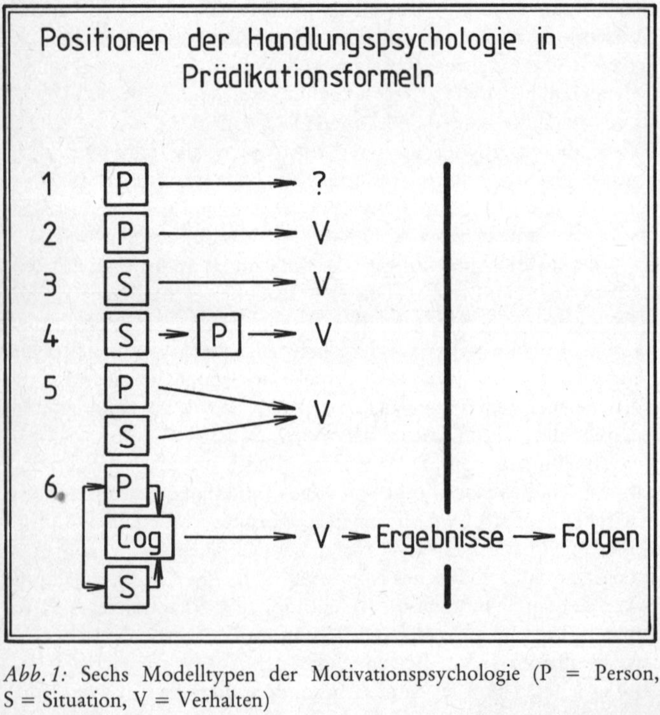

Abb. 1: Sechs Modelltypen der Motivationspsychologie (P = Person, S = Situation, V = Verhalten)

modelle. Die wichtigen analysierten Variablen liegen innerhalb der Person. Während das erste Modell noch rein deskriptiv angelegt ist, sich in der Beschreibung von Motivunterschieden erschöpft und keine Vorhersagen auf Verhalten macht, versucht der Modelltyp zwei Unterschiede im beobachteten Verhalten ausschließlich mit Hilfe von Personfaktoren zu beschreiben und zu erklären.
Die Modelltypen drei und vier sind als *Situationsmodelle* zu kennzeichnen. Modelltyp drei macht Verhalten direkt abhängig von objektiven Situationsfaktoren, während Modelltyp vier zusätzlich die Tatsache berücksichtigt, daß objektive Reizkonstellationen in einer Situation durch den Organismus wahrgenommen und verarbeitet werden und daß die Verhaltensdetermination nicht bei den objektiven Situationsmerkmalen sondern bei deren subjektiver Repräsentation liegt.
Bei den Modelltypen fünf und sechs handelt es sich um *interaktionistische Modelle*, in denen Person- und Situationsfaktoren gleichermaßen für die Verhaltenserklärung herangezogen werden. Modelltyp fünf geht von statischen Größen aus, die in einer jeweils näher zu spezifizierenden Interaktion (z. B. einer multiplikativen) das Verhalten gemeinsam beeinflussen. Modelle des sechsten Typs gehen von sich wechselseitig beeinflussenden Person- und Situationsfaktoren aus, die in ganz bestimmten Kognitions- und Emotionsmustern darstellbar sind. Von ihnen wird das Verhalten dann schließlich abhängig gemacht. Darüber hinaus bleiben Modelle dieser Art nicht bei der Betrachtung einzelner episodenhafter Verhaltenssegmente stehen, sondern stellen diese in breitere Gesamtzusammenhänge, in denen insbesondere die Frage der Folgenstruktur einzelner Verhaltensepisoden näher analysiert wird.
Es wird in dieser Entwicklung der zunehmende Grad an Ausdifferenzierung motivationspsychologischer Theoriebildungen deutlich und ebenso die zunehmende Umverteilung der Erklärungslast für Verhalten weg von einzelnen summarischen Konstrukten auf eine ganze Reihe von Variablen mit motivationalem Konstruktcharakter.

2. Hauptströmungen der Motivationspsychologie: Instinkt- und triebtheoretische Ansätze

2.1 Die Ära der Pioniere

Wichtige Impulse für die Entwicklung der Psychologie in Richtung auf eine an Erfahrungsdaten orientierte Verhaltenswissenschaft gehen auf *Ch. Darwin* zurück. In seinem 1859 erschienenen Buch über die Entstehung der Arten hob Darwin die prinzipielle Unterschiedlichkeit von Mensch und Tier auf. Hierdurch wurde es möglich, ebenso irrationale Dinge wie etwa »instinktives Verhalten« beim Menschen wie auch »intelligentes Verhalten« und Lernen beim Tier zu untersuchen. Große Bereiche der bis in die Neuzeit hineinreichenden tierexperimentellen Forschung (vgl. insbesondere Kap. 2.4) baut auf der aus dieser Theorie abgeleiteten Überzeugung auf, man könne zunächst bei Tieren relativ einfache Formen des Verhaltens studieren, um die hier gewonnenen Erkenntnisse dann später – lediglich unter Berücksichtigung eines allgemein höheren Komplexitätsgrades – auf den Menschen zu übertragen.
Die evolutionsbiologische Konzeption über die Entstehung der Arten ging davon aus, daß verschiedene Organismen, die einen bestimmten Lebensraum bewohnen, durch ihre genetische Ausstattung in unterschiedlichem Ausmaße angepaßt an diesen Lebensraum sind; was – über Generationen hinweg – die Chance, in einem Lebensraum zu überleben, erhöht oder herabsenkt. Die auf genetischer Basis vorgegebene Ausstattung eines Organismus mit bestimmten Körperbaumerkmalen und Verhaltensweisen kann also in unterschiedlichem Ausmaße adaptiv, d.h. von unterschiedlichem Anpassungswert sein, weil sie Einfluß nimmt auf die Überlebenschance des Organismus und auch der Art selbst. Durch diese Konzeption war die Voraussetzung für die Annahme geschaffen, daß auch bestimmten Verhaltensweisen genetische Mechanismen, also angeborene Determinanten zugrunde liegen können. Darwin hat diese Mechanismen einen *Instinkt* genannt. Er soll für jene Typen von Verhaltensweisen verantwortlich sein, die bei den meisten Vertretern einer Art in stets gleichbleibender Form auftreten, und zwar ohne daß hierfür Erfahrungsbildung notwendig wäre und ohne daß der Organismus Kenntnis von der Zweckbezogenheit seines Handelns hat.
Der Grundgedanke, daß auch die Eigenschaftsausstattung eines Organismus ebenso wie bestimmte Körperbaumerkmale erblich

bedingt sein können, war von weitreichender Bedeutung. Damit konnten nämlich auch ganz bestimmte Verhaltensweisen unter dem Aspekt ihres Anpassungsvorteils, den sie für eine Art mit sich bringen, analysiert werden. Eine solche funktionalistische Betrachtungsweise, in der die Frage nach der eigenschaftsmäßigen Ausstattung eines Organismus unter der Perspektive ihrer Dienlichkeit für eine optimale Anpassung an eine gegebene Umwelt besonders betont wird, lenkte die Aufmerksamkeit zwangsläufig auf motivationale Konzepte, weil in ihnen die Frage nach dem Anpassungsvorgang an bestimmte Umweltbedingungen besonders angesprochen ist (vgl. Kap. 2.2).

Wenn man den Versuch unternimmt, die Bedeutung abzuschätzen, die einem wissenschaftlichen Beitrag durch die Gemeinschaft der in einem Wissensgebiet Tätigen beigemessen wird, so kann man sich etwa auf Angaben darüber beziehen, wie häufig auf die Arbeiten eines Autors Bezug genommen wird. Sucht man hier nach dem Namen *S. Freud*, so findet man ihn in der Regel in der Gruppe der drei am häufigsten zitierten Autoren überhaupt (vgl. Myers, 1970). Bei Freud darf man dieses offenkundig große Interesse so deuten, daß seine Arbeiten für wichtig und einflußreich, aber als nicht unumstritten angesehen werden. Kritisch wird vor allem gesehen, daß sich seine theoretischen Konzepte kaum exakt quantifizieren und messen lassen und daß sie häufig mentalistisch und animistisch sind. Ihre Zusammenfügung in einer psychologischen Theorie ist teilweise so angelegt, daß sie sich einer empirischen Überprüfung mit der Möglichkeit ihrer zweifelsfreien Widerlegung entziehen.

Ein Grund für diese Unschärfen mag darin begründet liegen, daß sich Freud bei der Frage nach dem Zustandekommen bestimmter psychischer Phänomene insbesondere den *unbewußten Beweggründen* zuwendet, die natürlich selbst nicht direkt erlebbar und schon gar nicht beobachtbar sind, deren Wirksamwerden aber dann vermutet werden kann, wenn ein bestimmtes Verhalten von dem abweicht, was ein Individuum sich eigentlich zu tun vorgenommen hatte, wie es etwa bei den Versprechern der Fall ist. Solche *Fehlhandlungen* sind determiniert durch zwei miteinander in Konflikt stehende Intentionen, die sich gegenseitig stören und schließlich in dem Versprecher einen im offenen Verhalten beobachtbaren Kompromiß erzielen. Dem Handelnden selbst ist dieser Konflikt nicht bewußt, allenfalls jene auf das anvisierte Handlungsziel gerichtete Intention; die damit in Konflikt stehende Intention ist in aller Regel nicht bewußt.

Die ins Allgemeine gehobene Konsequenz aus dieser theoretischen Konstruktion brachte Freud zu der Ansicht, daß nur ein Teil jener

Faktoren, die Verhalten beeinflussen, einem bewußten Zugriff zugänglich ist. Viele andere Faktoren, wie etwa die, die für die oben erwähnten Versprecher aber auch für bestimmte Vergessensvorgänge und vor allem für Traumerlebnisse bis hin zu den Zwangsvorstellungen der psychisch Kranken verantwortlich sind, bleiben unbewußt*. Hierbei ist der Zustand des Unbewußten der zunächst »normale« Zustand seelischer Vorgänge; erst durch ihre bewußte Wahrnehmung werden sie in den Zustand der Bewußtheit gehoben.

Diese Vorstellung, daß seelische Vorgänge in der Regel zwei Zustandsphasen durchlaufen, veranlaßte Freud (1915a), zwei verschiedene Systeme, nämlich das System *Ubw* (Unbewußtes) und das System *Bw* (Bewußtes) anzunehmen, in denen die entsprechenden Prozesse ablaufen. Psychische Akte sind zunächst unbewußt und gehören dem System Ubw an. Um in das System Bw zu gelangen, müssen sie eine Art Prüfung (Zensur) bestehen. Seelische Akte, denen der Eintritt in das System Bw durch die Zensur versagt bleibt, werden in das System Ubw zurückverwiesen – sie werden verdrängt.

Die Zugehörigkeit von seelischen Akten zu den Systemen Ubw und Bw bestimmt aber deren Zustand nicht vollständig. Im System Ubw sind solche Inhalte, die unbewußt sind, aber ohne Schwierigkeit die Zensur passieren könnten, um ins System Bw zu gelangen und andererseits solche Inhalte, die von der Zensur bereits abgewiesen (verdrängt) wurden. Sie im System Ubw zu halten, werden häufig beträchtliche psychische Anstrengungen unternommen und Energien gebunden. Hier liegt nach psychoanalytischer Auffassung der Ursprung vieler psychischer Erkrankungen. Die Bedingungen für ihre Bewußtwerdung zu schaffen, ist eine der wichtigen Aufgaben psychoanalytischer Arbeit.

In ähnlicher Weise sind für die im System Bw befindlichen psychischen Akte zwei Zustandsformen anzunehmen. Es gibt dort Akte, die momentan bewußt sind und solche, die noch nicht bewußt, wohl aber prinzipiell bewußtseinsfähig, also – vorbewußt – sind. Vorbewußt sind psychische Akte im System Bw, die momentan nicht Objekt einer Bewußtseinszuwendung sind, aber dieses ohne weiteres werden könnten. Mit diesen Modellvorstellungen hatte Freud die Möglichkeit gewonnen, für jeden beliebigen psychischen Akt angeben zu können, innerhalb welchen Systems oder zwischen

* Diese Annahme eines »unter« dem Bewußtsein liegenden weiteren Bewußtseins (des Unbewußten) ist im übrigen auch für die Bezeichnung »Tiefenpsychologie« verantwortlich.

welchen Systemen er sich abspielt. Dieser Gesichtspunkt der Freudschen Theoriebildung wird als der *topische* bezeichnet.

Auf welche konkreten Inhalte beziehen sich nun die in diesen Systemen ablaufenden Prozesse? Nun, es sind insbesondere neben den Affekten und Gefühlen jene Faktoren, die unmittelbar den Anlaß zum Verhalten geben – die Triebregungen. Sie sind allerdings nicht selbst Inhalt des Systems, sondern lediglich ihre Vorstellungsrepräsentanz.

Freud (1905, 1915b) hat diese Triebe, die er auch Bedürfnisse nennt, als eine aus dem Körperinnern kommende, konstant wirkende Kraft gefaßt, die den Organismus zu solchen Handlungen anregt, die geeignet sind, die innere Reizquelle (Erregung) zu verändern. Eine solche Veränderung hebt das Bedürfnis auf, wirkt im Sinne einer Bedürfnisbefriedigung. Die Form der Bedürfnisentstehung und Bedürfnisbefriedigung soll durch einen physiologischen Mechanismus geregelt werden, der danach trachtet, die aus dem Körperinnern anlangenden Reizsteigerungen (Bedürfnisentstehung) möglichst niedrig und konstant zu halten oder sich gar ganz reizlos zu halten (Bedürfnisbefriedigung). Eine erlebnismäßige Repräsentation erfährt dieser Mechanismus der Reiz-(Erregungs-) Verarbeitung durch Empfindungen der Lust-Unlustreihe in der Form, daß eine Heraufsetzung des Reiz-(Erregungs-)Zustandes mit Unlust-, eine entsprechende Herabsetzung mit Lustgefühlen einhergeht. In diesem Lust-Unlust-Mechanismus wird der wichtigste Handlungsregulationsvorgang gesehen. Freud faßt dieses als Lustprinzip und beschreibt mit ihm den *ökonomischen* Aspekt seiner Theorie, der seinen Ausdruck in der Annahme findet, das Bestreben des seelischen Apparates sei generell darauf gerichtet, die in ihm vorhandene Quantität von Erregung möglichst niedrig zu halten.

Während also die *Quelle* des Triebes aus einer als Reizzustand(Erregung) zu fassenden somatischen Veränderung in einem Organ des Körpers besteht, ist es das *Ziel* des Triebes, diesen Reizzustand an der Triebquelle durch die Ausführung bestimmter Handlungen aufzuheben. Die Dinge, an denen der Trieb sein Ziel – das ist die Triebbefriedigung – erreichen kann, werden als Trieb*objekte* bezeichnet, von denen eine entsprechende Anziehung ausgeht. Während das Triebziel – nämlich die Herabsetzung des Reizzustandes – fest (biologisch) vorgegeben ist, sind die zugeordneten Objekte variabel und nicht ursprünglich mit dem Trieb verknüpft. Ihre Verknüpfung ergibt sich aufgrund individueller Lernerfahrungen. Wesentlich erscheint hier, daß Quelle und Ziel eines Triebes durch physiologische Mechanismen, nämlich durch die Entstehung und

Verminderung eines Reizzustandes, gekennzeichnet sind. Hingegen ist es variabel und eher zufälligen Lernerfahrungen eines Organismus anheimgegeben, in welchen Körperorganen ein solcher Reizzustand entsteht, durch welche Handlungen er aufgehoben werden kann und schließlich, an welchen Objekten sich diese Aufhebung vollzieht.

Die *qualitative Unterscheidung von Trieben* wird auf die Verschiedenartigkeit der Triebquellen und Triebziele zurückgeführt. Welche und wieviele solcher Triebe es zu differenzieren gilt, ist in gewisser Weise beliebig und willkürlich (Freud, 1915b). In seinen frühen Schriften hatte sich Freud (1905) primär mit der Wirksamkeit des *Sexualtriebes* auseinandergesetzt, diesem allerdings stets andere Bedürfnisse (z. B. Hunger), die an lebenswichtige Körperfunktionen gebunden sind, gegenübergestellt. Dic dem Sexualtrieb zugrundeliegende Kraft, welche Vorgänge und Umsetzungen auf dem Gebiete der Sexualerregung erfaßbar macht, wird die *Libido* geheißen und streng von jenen Energien geschieden, die den übrigen seelischen Prozessen zugrunde liegen. Der eigentliche Motivationsvorgang wird nun so vorgestellt, daß zunächst Energie (Libido) durch die Reizung von Körperorganen – den erogenen Zonen – bereitgestellt wird, mit denen das Ich selbst (Ichlibido), dann aber auch bestimmte Sexualobjekte (Objektlibido) »besetzt« werden, um aus dieser Position heraus die Sexualbetätigungen des Individuums entweder auf das Ich oder bestimmte Objekte der Außenwelt auszurichten. Die eigentliche Sexualbetätigung führt zur Erregungsminderung und damit zum zeitweisen Erlöschen der Libido.

Zum erstenmal 1910 faßte Freud alle nicht-sexuellen Bedürfnisse als *»Selbsterhaltungstriebe«* (»Ichtriebe«) zusammen und stellte sie dem Sexualtrieb gegenüber, ohne ihnen aber eine größere systematische Bedeutung beizumessen. In der Folgezeit arbeitete Freud an einer Neufassung des topischen Aspektes der Theorie. In ihr wurden nun nicht mehr die Systeme Bw und Ubw unterschieden, sondern die Instanzen Es, Ich und Über-Ich. Diese weitreichende Veränderung gab Anlaß, auch die dynamischen Beziehungen im Seelenleben neu zu konzipieren. Dem Ich als Sitz der wichtigsten Wahrnehmungs- und Kognitionsfunktionen mit Zugang zur Motilität fällt in dieser Konzeption die Aufgabe der Überlebenssicherung des Organismus zu. Um für diese Aufgabe gerüstet zu sein, wird das Ich mit eigenen Trieben ausgestattet, den Ich- oder Selbsterhaltungstrieben, die nunmehr dem Sexualtrieb gegenüber völlig gleichberechtigt sind.

Diese duale Fassung der Triebtheorie hatte sich auch ergeben aus der analytischen Behandlung der Hysterie und Zwangsneurose, in der Freud zu der Auffassung gelangte, daß ein Konflikt zwischen den Ansprüchen der Sexualität und denen des Ichs an der Wurzel jeder solcher Affektionen zu finden sei (Freud, 1915b). Zu den Sexualtrieben ist zu sagen, daß sie – entwicklungspsychologisch gesehen – zunächst an mehreren organischen Quellen ihren Ausgangspunkt nehmen und sich unabhängig voneinander betätigen; erst mit zunehmender Entwicklung werden sie im Dienste der Fortpflanzungsfunktion zusammengefaßt. Ihre Entwicklung ist jedoch eng an die Selbsterhaltungsfunktionen geknüpft. Sie lehnen sich zunächst an bestimmte Handlungen zur Selbsterhaltung an und folgen auch bei ihrer Objektfindung den Wegen, die ihnen die Ichtriebe weisen (Freud, 1915b). Ein Anteil der Sexualtriebe verbleibt schließlich bei den Ichtrieben und stattet diese mit libidinösen Komponenten aus. Ichtriebe gehen also vom Ich aus, um dessen Überleben zu sichern; sie sind andererseits aber auch an das Ich als an ihr eigenes Objekt gebunden. In seinen späteren Schriften hebt Freud diese Mehrdeutigkeit auf und weist das Problem libidinöser Besetzungen von Objekten (Objektlibido) bzw. der eigenen Person (Ichlibido) eindeutig den Sexualtrieben zu. Die Ichtriebe werden hingegen mit eigenen Besetzungsenergien ausgestattet, den »Interessen« (Freud, 1917).

Dieser Gedanke unterschiedlicher triebspezifischer Besetzungsenergien ist theoretisch reizvoll, aber von Freud nicht weiter verfolgt worden. Die spätere Theorieentwicklung knüpfte vielmehr wieder an die Beobachtung an, daß sowohl Ich- wie auch Sexualtriebe mit libidinöser Energie ausgestattet sein können und ihnen allein dadurch ein großes Maß an Gemeinsamkeit zukommt. Freud (1920, 1923) hat sie denn auch fortan als »Lebenstriebe« zusammengefaßt und sie mit der Aufgabe versehen, »alle Teile der lebenden Substanz zueinander zu drängen und zusammenzuhalten« (1920, S. 66). Dieser kosmischen Kraft, die allen Lebewesen zu eigen und auf die Erhaltung des Lebens gerichtet ist, stellt Freud (1920, 1923) eine andere Triebkomponente gegenüber, die auf die Loslösung vom Leben generell, auf die Rückführung organischer in anorganische Substanz gerichtet ist. Freud nennt diese Triebkomponente den »Todestrieb«.

Freud (1920) sah sich aufgrund seiner analytischen Arbeiten angeregt, einen solchen Todestrieb in seine Triebkonzeption aufzunehmen, allerdings unter Anwendung eines etwas gewaltsam anmutenden Analogieschlusses: Freud hatte bei der Analyse psychisch Kranker häufig die Beobachtung eines Wiederholungszwanges gemacht, in dem der Kranke unlustvolle Begebenheiten seiner infanti-

len Lebensperiode erneut aufgreift und durchlebt. Ein solches Geschehen ist mit dem Gedanken des universellen Obwaltens des Lustprinzips unvereinbar. Es muß also Beweggründe (Triebe) »jenseits des Lustprinzips« geben. Dieser Zwang zur Wiederholung wird als ein zentrales Charakteristikum alles Triebhaften erkannt. »Ein Trieb wäre also ein dem belebten Organischen innewohnender Drang zur Wiederherstellung eines früheren Zustandes« (Freud, 1920, S. 38). Dieser »frühere« Zustand kann für das organisch Belebte nur der anorganische Zustand, der Tod also, sein.
Wenn Freud auch mit diesen spekulativen Formulierungen für viele das zumutbare Maß an wissenschaftlicher und theoretischer Freizügigkeit endgültig überschreitet, so bleibt doch das Bemühen um die Schaffung einer am Triebbegriff orientierten »Metapsychologie«* ein herausragendes und historisch gesehen kaum zu überschätzendes Unterfangen. Freud hat in seinen metapsychologischen Schriften stets das Vorläufige seiner Bemühungen betont und die Metapsychologie als das unfertigste Element der gesamten Psychoanalyse bezeichnet.
Viele der nachfolgend formulierten Motivationstheorien haben Ideen und Konzepte der Freudschen Theoriebildungen übernommen, freilich ohne dies in jedem Fall deutlich zu machen. Selbst Hull (1943), der um exakte Formalisierungen bemühte Theoretiker des lerntheoretisch-behavioristischen Lagers, hat seine Triebkonzeption weitgehend an die Freudschen Überlegungen angelehnt (vgl. Kap. 2.4).

2.2 Der instinkttheoretische Problemstrang

Die Erkenntnis, daß bestimmte Formen artspezifischen Verhaltens eine anlagemäßige Grundlage haben, führte zur Entstehung der Vergleichenden Verhaltensforschung, in der die erbmäßigen Determinanten für Verhalten beim Menschen und zumindest den höher organisierten Lebewesen analysiert wurden. Insbesondere James (1890) und McDougall (1908) griffen diesen Grundgedanken auf und formulierten lange Instinktlisten, die die genetische Basis des Verhaltens beschreiben sollten. Neben der relativen Willkürlichkeit solcher Instinktlisten ist vor allem die Vorgehensweise bei der Aufstellung solcher Listen kritisiert worden: Man beobachtet Verhalten, gruppiert es nach Gemeinsamkeiten (z. B. Fluchtverhalten, Dominanzverhalten, Neugierverhalten etc.) und unterlegt diesem

* Wir würden heute sagen: »Allgemeine Psychologie«.

Verhalten einen jeweils zugeordneten Instinkt, der dieses Verhalten »erklären« soll. Das ist zirkulär und fügt dem ohnehin Bekannten keine neue Erkenntnis hinzu.
McDougall (1908) interpretiert die von ihm aufgelisteten Instinkte im Sinne einer jeweils angeborenen psychophysischen Disposition, die den handelnden Organismus auf eine bestimmte Klasse von Umweltgegebenheiten ausrichtet, bestimmte emotionale Erfahrungen vermittelt und ihn schließlich zu ganz bestimmten Handlungen drängt. Dieser Aspekt des Drängenden ist motivationspsychologisch der wohl wichtigste an den Instinkten. Er wurde später von Hull und Tolman wieder aufgegriffen und ist auch ein zentrales Bestimmungsstück des Freudschen Triebbegriffs. Die Berücksichtigung erlebnismäßiger Sachverhalte ist von der Motivationspsychologie erst sehr viel später wieder aufgegriffen worden, dann allerdings nicht im Sinne von Bestandteilen des *Motives* selbst, sondern eher als Komponenten des *Motivationsprozesses* (vgl. Abb. 1).
Der Instinktbegriff als Erklärungskonzept für Verhalten verlor in der Folgezeit zunehmend an Bedeutung, insbesondere wohl wegen der Annahme von angeborenen Mechanismen für die Verhaltensdetermination. Er wurde erst in den dreißiger Jahren durch die europäische Ethologie wieder aufgegriffen und in präzisierterer Form verwendet. Vor allem die durch Lorenz (1937) vorgenommene Konkretisierung des Instinktkonzepts erwies sich als weiterführend. Lorenz beschränkt seine Analysen zunächst auf Verhaltensweisen, die der Arterhaltung dienen; das sind vor allem Nahrungs- und Flüssigkeitsaufnahme, Verhalten, das im weiten Sinne mit Fortpflanzung zu tun hat und bestimmte Formen aggressiven Verhaltens (z. B. Beuteaggression). In einem solchen funktional einheitlichen, d. h. auf ein gemeinsames arterhaltendes Ziel gerichtetes Verhalten, werden zunächst instinktmäßig-angeborene und individuell-erlernte Handlungselemente isoliert und strikt voneinander geschieden. Erlernte und angeborene Teile eines solchen Verhaltens fügen sich häufig wie Glieder einer Kette aneinander, wobei die instinktmäßig determinierten Handlungselemente häufig den Endpunkt einer solchen Handlungskette bilden.
Die instinktmäßigen Verhaltenselemente sind in ihrem Ablauf außerordentlich starr *(»Erbkoordinationen«)* und in gewisser Weise auch »blind« gegenüber ihrem biologisch vorgegebenen Ziel, insofern als das biologische Ziel nicht in jedem Falle den Abschluß einer solchen Handlungskette bilden muß. Die Handlung kann an jedem beliebigen Punkt abgebrochen werden oder auch an einem völlig ungeeigneten Objekt ablaufen. Das Ziel einer solchen instinktmäßig determinierten Verhaltenskomponente ist also nicht

das Erreichen eines biologischen Ziels, sondern allein das Ablaufenlassen der betreffenden Reaktion.
Die individuell erlernten Verhaltenskomponenten hingegen sind zweckgerichtet, ihr Ziel besteht darin, das Ablaufenlassen einer Instinkthandlung zu ermöglichen. Das Ziel eines solchen erlernten Handlungselements ist stets das gleiche, das Verhalten selbst kann hingegen in adaptiver Weise verändert werden. Lorenz (1937) nennt dieses ein *Appetenzverhalten.* Lorenz & Tinbergen (1938) haben die Wichtigkeit der Unterscheidung von angeborenen und erlernten Verhaltensanteilen bei der Analyse der Eirollbewegung der Graugans deutlich gemacht. Sie konnten zeigen, daß das Appetenzverhalten zu seiner Aufrechterhaltung der kontinuierlichen Stimulation von außen bedarf, während die Instinkthandlung selbst durch äußere Stimulation zwar angeregt, aber nicht mehr gesteuert wird.
In den hier beschriebenen Verhaltenstypen können die instinktmäßigen und die erlernten Komponenten in unterschiedlichen Anteilen eingehen. Generell kann man davon ausgehen, daß komplexe Koordinationen, wenn sie bei relativ niedrig organisierten Lebewesen auftreten, eine vergleichsweise stärkere instinktmäßige Basis haben als es bei höher organisierten Lebewesen der Fall ist. Bei diesen können die instinktmäßigen Anteile an einer Verhaltensweise weitgehend zurückgedrängt und rudimentiert werden und schließlich bei Entblößung von jeglichem motorischen Anteil lediglich in einem affektbetonten Erlebnis bestehen. Das Ziel einer solchen rudimentierten »Instinkthandlung« würde dann das Erlebnis eines lustbetonten Affekts darstellen.
Bei sehr vielen dieser Verhaltensketten mit angeborenen und erlernten Elementen ist auch die Bereitschaft, auf ganz bestimmte Reizkonfigurationen zu reagieren, genetisch gesichert. Solche Reizkonfigurationen stellen gewissermaßen einen Schlüssel(reiz) für die Auslösung bestimmter Reaktionen dar; ihre verläßliche Wirksamkeit beruht auf erbmäßig festgelegten Wahrnehmungsstrukturen, die gewissermaßen das wahrnehmungsmäßige Gegenstück (ein »rezeptorisches Korrelat«) der Reizkonstellation darstellen. Lorenz bezeichnet diese neurophysiologischen Strukturen als *»Angeborene Auslöse-Schemata«*.
Das Verhalten ist demnach von zwei Faktoren abhängig, die relativ unabhängig voneinander sind: dem Instinkt und dem Schlüsselreiz. Der Instinkt ist vornehmlich für die Energetisierung des Verhaltens verantwortlich. Der Organismus produziert ständig »aktionsspezifische« Energie, die im Organismus angehäuft wird und ihn zur Ausführung ganz bestimmter Verhaltensweisen drängt. Der

Schlüsselreiz nimmt Einfluß auf die Verhaltensdetermination insofern, als er – entsprechend seiner Wirksamkeit als Auslöser – Entladungsmöglichkeiten für die angehäufte Energie signalisiert. Verhalten ist in diesen Modellvorstellungen also sowohl von innerorganismischen wie auch von äußeren, situativen Faktoren abhängig (Modelltyp 5, Abb. 1).
Unter extremen Bedingungen sind allerdings auch einseitige Verhaltensdeterminationen denkbar: Ist etwa dadurch, daß eine Instinkthandlung lange Zeit nicht ausgeführt wurde, das Energiereservoir stark angestiegen, so erniedrigt sich dadurch der Schwellenwert der zur Auslösung der Instinkthandlung notwendigen Reize. Dies kann so weit gehen, daß schließlich die Instinkthandlung auch gänzlich ohne adäquate Reize auftritt und im Leeren verpufft *(»Leerlaufreaktion«)*. Lorenz (1937, 1942) führt dies darauf zurück, »daß die Stauung reaktionsspezifischer Energie offenbar das Wahrnehmungsfeld des tierischen und menschlichen Subjekts so verändert, daß das normalerweise inadäquate Objekt als subjektiv adäquat empfunden oder – im extremen Fall – frei halluzinatorisch vorgegaukelt wird« (Lorenz, 1942, S. 393).
Andererseits haben die Instinkthandlungen die Eigenschaft, auch bei geringer aktionsspezifischer Energie durch adäquate (optimale) Reizkonstellationen ausgelöst werden zu können. Allerdings macht sich dieses in unvollständigen, den arterhaltenden Sinn der betreffenden Handlung nicht erfüllenden Abläufen (sog. Reaktionsinitien) bemerkbar (Lorenz, 1954). Sie können allerdings signalisieren, in welcher Richtung Handlungen zu erwarten sind, wenn weiter aktionsspezifische Energie angehäuft wird. Sie erweisen sich dadurch als ein wichtiges Verständigungsmittel vor allem bei sozial lebenden Tierverbänden.
Einen motivationspsychologisch wichtigen dritten Mechanismus beschreibt Lorenz (1937) für die Motivierung des Appetenzverhaltens, ohne diesen Gedanken allerdings später weiterzuführen. Danach ist als motivierender Faktor zunächst ein Trieb (das ist die aufkumulierte aktionsspezifische Energie) anzunehmen, gewisse Reizkonstellationen aufzusuchen, die das Ablaufenlassen der angestrebten Reaktion ermöglichen. Andererseits soll der Ablauf der Instinkthandlung von Lustgefühlen begleitet sein und sich, wie wir bereits gesehen haben, im Extremfall sogar auf diese reduzieren. Lorenz selbst gibt für das Auftreten dieser subjektiven Lustgefühle keine kausale, wohl aber eine finale Deutung im Sinne der Arterhaltung: Das Ablaufenlassen der Instinkthandlung ist damit doppelt gesichert, da das »Tier zum Ablaufenlassen der für die Arterhaltung notwendigen Bewegungskoordinationen sowohl getrieben

(Instinkt) und gelockt (Lustgefühl) wird« (Lorenz, 1937, S. 338). Diese erlebnismäßigen Begleiterscheinungen werden angesichts der theoretischen Bedeutung, die ihnen Lorenz beimißt, zu einem charakteristischen Bestandteil einer Instinkthandlung und erscheinen als der unmittelbare Zweck des Appetenzverhaltens. Lerntheoretisch können sie als eine Bekräftigung für das Appetenzverhalten gefaßt werden (Hinde, 1959, S. 574). Ein solcher Lernmechanismus könnte dann eine Erklärung dafür abgeben, daß ganz offenbar die »richtigen« Formen des Appetenzverhaltens an die jeweils entsprechenden Instinkthandlungen angekoppelt werden, daß also Appetenzverhalten bekräftigt wird und sich dadurch als »richtig« erweist, daß das Ablaufenlassen der Instinkthandlung ermöglicht wird.

Die Forschungsprogramme der Ethologie waren zunächst darauf gerichtet, bestimmte arteigene Bewegungsmuster bei Vertretern einer Art in ihrer natürlichen Umwelt zu beobachten, zu beschreiben und deren Vielfalt zu ordnen. Dieser Forschungsansatz ist etwa der Beschreibung und Klassifikation anatomischer Merkmale der Arten innerhalb der Biologie vergleichbar. Solchermaßen systematisch erworbenen Erkenntnissen wurden dann allgemeine Verhaltensmodelle der oben beschriebenen Art unterlegt. Später ging allerdings das Bemühen der Ethologie weiter dahin, die Kausalanalyse des Verhaltens auf das physiologische Niveau auszuweiten. So hat etwa Tinbergen (1951) den Instinkt als einen *hierarchisch organisierten zentralnervösen Mechanismus* gefaßt, in dem unterschiedliche neuronale Zentren mit »motivationalen Impulsen« beschrieben werden. Auf Modellvorstellungen dieser Art greifen Untersuchungsansätze zurück, in denen versucht wird, im Zentralen Nervensystem (ZNS) bestimmte Zentren zu lokalisieren (etwa im Zwischen- und Mittelhirn), um durch deren elektrischer oder chemischer Stimulation bzw. deren Ausschaltung durch Gewebezerstörung bestimmte angeborene arttypische Verhaltensweisen (z. B. Nahrungs- und Flüssigkeitsaufnahme, Sexualverhalten, Flucht und Aggression) zu manipulieren, d. h. deren Auftreten oder Unterdrückung herbeizuführen.

Ein weiterer wichtiger Impuls für die Modellentwicklungen ging von den Arbeiten von v. Holst (1954, v. Holst & Mittelstaedt, 1950) aus, in denen die Leistungen des ZNS beim Zustandekommen einfacher, angeborener Bewegungsabläufe beschrieben werden. Das hier entstandene Modell geht zunächst von der Tatsache aus, daß ein Reiz, der auf den Organismus trifft, im ZNS weitergeleitet wird *(Afferenz)* und in einem mehr oder weniger hoch organisierten Schaltzentrum im ZNS in einen neuronalen Impuls an ein

ausführendes Organ (z. B. bestimmte Muskelgruppen) »umgeschaltet« wird *(Efferenz)*. Es wird weiter angenommen, daß einerseits von diesem efferenten Impulsstrom im Organismus (»in der benachbarten Ganglienmasse«) eine *Efferenzkopie* niedergelegt wird und andererseits von dem sich betätigenden effektorischen Organ selbst wieder ein afferenter Impulsstrom in die höher gelegenen Zentren geschaltet wird – die sog. *Reafferenz*.
Diese Reafferenz wird nun im Verlaufe der Steuerung des Verhaltens mit der Efferenzkopie verglichen. Differenzen zwischen Reafferenz und Efferenzkopie führen zu einer Art »Nachjustierung« des Verhaltens durch eine Änderung der Efferenz, die solange andauert, bis die Differenzen zwischen Reafferenz und Efferenzkopie aufgehoben sind.
Dieses *»Reafferenzprinzip«* beschreibt eine Form der Verhaltenssteuerung in Anlehnung an das Regelkreiskonzept. Es wird konzipiert als eine Interaktion von Ist- und Soll-Lagen, in der das allgemeine Ziel einer Handlung in der Beseitigung von Diskrepanzen zwischen beiden aufgefaßt wird. Dieser Grundgedanke einer Verhaltenssteuerung nach dem Rückkoppelungsprinzip ist für die Motivationsforschung von großer Bedeutung geworden, insbesondere nachdem es durch Miller, Galanter und Pribram (1960) im angloamerikanischen Sprachraum populär gemacht wurde.
Die hier beschriebenen Modelle der Ethologie haben einen relativ weit gefaßten Geltungsbereich. Sie selbst sind oftmals allerdings

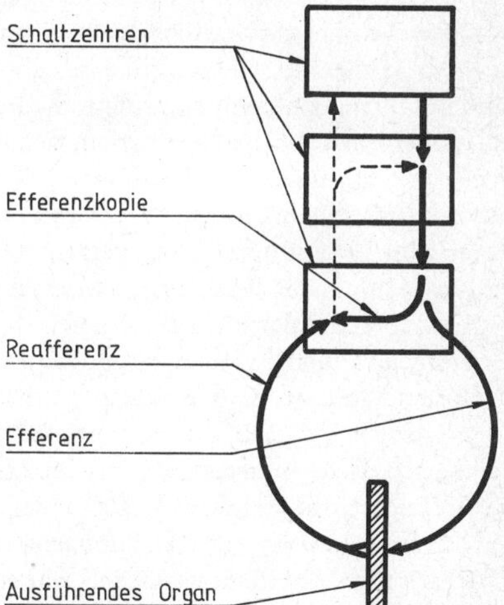

Abb. 2: Allgemeines Schema für die Darstellung des Reafferenzprinzips (nach v. Holst & Mittelstaedt, 1950)

nicht direkt Gegenstand von Forschungsprogrammen gewesen, haben sich allerdings über längere Zeit hinweg als nützlich erwiesen insofern, als sie die vielfältigen Beobachtungen zu ordnen und zu organisieren erlaubten (Tinbergen, 1951).

2.3 Motivation als biologisch definierter lokaler und zentraler Zustand

Die augenfällige Unfruchtbarkeit instinkttheoretischer Ansätze der ersten Generation (McDougall, 1908) führte in den Vereinigten Staaten zu einer eigenständigen Neuorientierung in der motivationspsychologischen Theorienbildung, die in enger Nachbarschaft zur Physiologie verlief. Zunächst wurde der anstößige Instinktbegriff ersetzt durch den Triebbegriff. Einflußreich für die weitere Entwicklung des Triebkonzepts waren vor allem die Überlegungen von Dunlap (1922) und Dashiel (1928). Danach sollte die Quelle von Trieben in bestimmten Gewebestrukturen und Organen des Körpers lokalisierbar sein. Eine solche Anbindung des Triebes an physiologische Veränderungen in Körperorganen sollte dem Triebbegriff eine objektivierbare Basis verschaffen. Sie erreichte dieses jedoch zu Lasten eines eingeschränkten Geltungsbereichs; weil eine solche physiologische Basis natürlich nur für sehr wenige Triebe anzunehmen war, vornehmlich für Hunger, Durst, Schmerzvermeidung und Sexualverhalten. Diese *»Lokale Motivationstheorie«* geht davon aus, daß die Verhaltensimpulse durch Defizitzustände in bestimmten Organen entstehen (dies gilt insbesondere für Hunger und Durst). Sie bestehen aus einer starken, anhaltenden, unangenehmen Stimulation, die nach Einverleibung von Nahrung bzw. Flüssigkeit verlangt und erst danach ihre antreibende Funktion verliert (Cannon, 1939).

Die auf dieser Annahme aufbauende Forschung brachte eine ganze Reihe von Erkenntnissen, die zeigen, daß Nahrungs- und Flüssigkeitsaufnahme sowie auch Sexualverhalten von der Stimulation in den entsprechenden Körperorganen (Magen, Mundschleimhaut, Genitalien) abhängen. Die gefundenen Zusammenhänge waren jedoch nicht so perfekt, daß sie ein Festhalten an der Annahme einer alleinigen Abhängigkeit des Verhaltens von peripheren Bedürfniszuständen (Organzuständen) hätten rechtfertigen können. Die nachhaltigste Erschütterung der Theorie lokal entstehender Bedürfnisse resultierte aus der Beobachtung, daß viele Organismen, darunter auch der Mensch, essen, trinken und kopulieren auch unter der Bedingung, daß die Organe, in denen die Bedürfnisse ent-

stehen sollen, entfernt bzw. deren nervöse Versorgung unterbrochen wurde.
So konnte bereits Bash (1939) zeigen, daß Ratten, bei denen die vom Magen an aufsteigenden Nervenbahnen durchtrennt waren, normales Freßverhalten zeigten und auch normale Lernleistungen, wenn sie durch kleinere Futtermengen für ihre Lernleistungen belohnt wurden. Grossmann & Stein (1948) berichteten von erkrankten Personen, denen wegen eines Magengeschwürs der Nervus Vagus durchtrennt worden war, daß sie keinerlei Veränderungen der Hungergefühle bemerkten. Auch bei ganzer oder teilweiser Entfernung des Magens bleiben Hungergefühle bestehen. Analoge Befunde gibt es bei der Flüssigkeitsaufnahme. Ein Heraustrennen der Speicheldrüsen ist ebenso ohne Einfluß auf die Flüssigkeitsaufnahme wie etwa auch das Durchtrennen sämtlicher den Mund- und Rachenraum versorgender Nerven.
Auch in bezug auf das Sexualverhalten weisen die Beobachtungen in die gleiche Richtung, wenngleich auch die Befundlage weniger einheitlich ist. Es ergeben sich hier eine Reihe von artspezifischen Besonderheiten. So behalten beispielsweise Hunde nach einer Kastration ihre Begattungsfähigkeit über einen 15wöchigen Beobachtungszeitraum fast völlig, während nach dem gleichen Zeitraum nur noch 50% der Rhesus-Affen ihre Begattungsfähigkeit erhalten haben. Viele der untersuchten Katzen und Ratten verlieren hingegen schon nach den ersten Wochen ihre Begattungsfähigkeit. Nach ca. 2 Monaten haben nur noch 20% der Katzen und 10% der Ratten ihre Begattungsfähigkeit erhalten (Hart, 1974). Künstliche Verabreichung von Testosteron kann in vielen Fällen die Orgasmus- und Ejakulationsfähigkeit wiederherstellen. Vergleichbare Auswirkungen einer Kastration im Erwachsenenalter zeigen sich auch beim Menschen. Sie reichen vom völligen Erlöschen bis zur unveränderten Beibehaltung des Sexualverhaltens.
Beobachtungen dieser Art haben deutlich werden lassen, daß die Regulation der Nahrungs- und Flüssigkeitsaufnahme sowie des Sexualverhaltens durch Stimulationen in den jeweils zugeordneten Körperregionen, ebenso wie durch andere, periphere Faktoren, nicht erschöpfend erklärt werden kann (vgl. Schneider & Schmalt, 1981). Verhalten in diesen Bereichen ist ganz offensichtlich von einer ganzen Reihe innerer und äußerer Faktoren abhängig.
Die multifaktorielle Determination dieser Verhaltensweisen, deren auffallend gleichförmiger Ablauf sowie auch deren verläßliche Auslösung und Regulation ließen die Vorstellung entstehen, daß für all dieses *zentrale Integrationsmechanismen* verantwortlich sein müßten. Die für die Motivationsforschung in den Bereichen Hunger,

Durst, Sexualität und Aggression bedeutungsvollen Integrationsmechanismen sind in den phylo- und ontogenetisch »älteren« Strukturen des Gehirns, im Zwischenhirn, speziell im Hypothalamus und im Endhirn, in der Tiefe des Schläfenlappens, in der Amygdala, lokalisiert.

Das kritische Ereignis in bezug auf den Hunger war die Entdekkung zweier im Hypothalamus gelegener Zentren, die für die Kontrolle der Nahrungsaufnahme (das Freßzentrum) und für die Beendigung der Nahrungsaufnahme (das Sättigungszentrum) verantwortlich sind. So konnte man zeigen, daß durch eine elektrische Stimulation in einem der beiden Zentren entweder Nahrungsaufnahme ausgelöst oder aber beendet wird. In gleicher Weise konnte gezeigt werden, daß sich Organismen nach Zerstörung ihres Sättigungszentrums maßlos überfressen und daß sie bei Zerstörung des Freßzentrums die Nahrungsaufnahme gänzlich einstellen und künstlich ernährt werden müssen. Diese und ähnliche Befunde sind mit Hilfe eines dualen hypothalamischen Mechanismus erklärt worden, in dem die Nahrungsaufnahme durch das Freßzentrum angeregt und schließlich durch eine Hemmung des Freßzentrums durch das Sättigungszentrum beendet wird (Stellar, 1954). Neuere Befunde haben jedoch wesentlich zur Differenzierung dieses relativ einfachen Modells beigetragen, in dem eine Vielzahl innerer und äußerer Regulationsfaktoren angenommen wird.

Die Auslösung bzw. Unterdrückung der Flüssigkeitsaufnahme folgt dem gleichen Muster, jedoch zeigt sich, daß das gezielte Ansprechen des einen oder anderen Systems häufig nicht gelingt. Man kam deswegen zu der Ansicht, daß eine Stimulierung im Hypothalamus nur einen *allgemeinen* Bedürfniszustand erzeugt, der dann durch zusätzliche innere oder äußere Reize in die eine oder andere Richtung gelenkt wird. Eine solche Auffassung, wonach neben diesen »primären« biologisch-physiologischen Einflußfaktoren auch »sekundäre« Faktoren, wie bestimmte Eß- und Trinkgewohnheiten, emotionale, kognitive und soziale Faktoren für die Regulation von Hunger, Durst und Sexualität verantwortlich zu machen sind, wird heute weithin geteilt (vgl. Schneider & Schmalt, 1981; Becker-Carus, 1983).

Von besonderer Bedeutung für die Aufhellung der physiologischen Grundlagen von Motivationsprozessen waren auch Untersuchungen von Olds & Milner (1954), in denen beobachtet wurde, daß Tiere, denen Elektroden in verschiedenen Arealen des Gehirns eingesetzt wurden, offensichtlich »motiviert« sind, sich selbst elektrisch zu stimulieren. Die Reizung solcher Areale, die vornehmlich im Hypothalamus lokalisiert sind, ist offensichtlich angenehm, weswegen die entsprechenden Zentren als *»Lustzentren«* bezeichnet werden. Dieser Name scheint gerechtfertigt. Bei bestimmten Elektrodenpositionen stimulieren sich die Tiere bis zur völligen Erschöpfung. Hungrige Tiere, die die Wahl haben, entweder Nahrung zu sich zu nehmen oder sich zu stimulieren, entscheiden sich für das letztere.

Neuere Untersuchungen, die vor allem durch eine verfeinerte Technik ausgezeichnet sind, haben deutlich werden lassen, daß die entsprechenden Areale, die für Nahrungs- und Flüssigkeitsaufnahme verantwortlich sind und die Areale der Selbststimulation eindeutig voneinander getrennt sind und unterschiedlichen physiologischen Systemen angehören. Diese Tatsache weist darauf hin, daß offensichtlich ein eigenes System existiert, das für die Vermittlung von Belohnungs- (und Bestrafungs-)effekten in der Form von Lust-Unlustaffekten verantwortlich ist und völlig unabhängig von Systemen operiert, die den organischen Bedarf wie Hunger und Durst oder das Sexualverhalten regulieren.

Diese Erkenntnis hatte einen enormen Einfluß auf die motivationspsychologische Theorienbildung. Wie wir bereits gesehen haben, stimmen vor allem die am Instinkt- und Triebbegriff orientierten Motivationstheorien darin überein, daß sie in der Aufhebung eines defizitären Organzustandes den eigentlich wirksamen Motivationsmechanismus sehen. Der behavioristisch-mechanistische Ansatz von Hull (1943) hat dieses am konsequentesten ausformuliert und als *»Triebreduktion«* bezeichnet (vgl. Kap. 2.4). Die hier dargestellten Beobachtungen lassen diese Konzeption als unhaltbar erscheinen. Es gibt offensichtlich einen ganz allgemeinen Motivationsme-

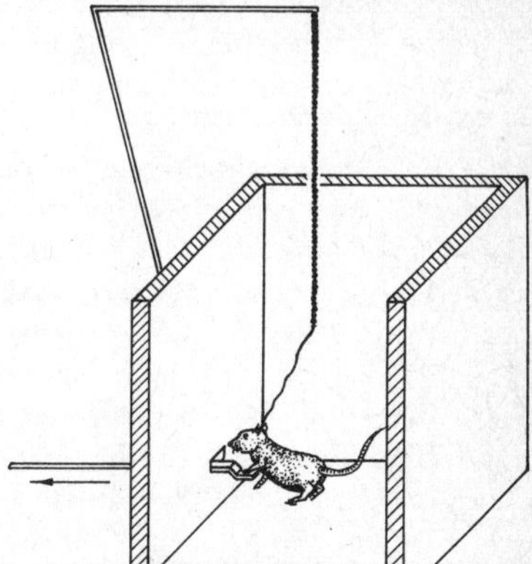

Abb. 3: Schematische Darstellung der von Olds & Milner benutzten Versuchseinrichtung

chanismus, der von der Organzuständlichkeit völlig unabhängig ist. Triebreduktion kann deshalb nicht das eigentlich motivierende Agens sein (vgl. Olds, Allan & Briese, 1971).
Die Tatsache, daß die Areale der Selbststimulation einer hirnanatomischen Formation, dem limbischen System, angehören, das als die Basis des Affekterlebens angesehen wird, läßt die oben bereits angesprochene Vermutung zu, daß der eigentlich wirksame Motivationsmechanismus in der Vermittlung ganz rudimentärer Lust-Unlust-Affekte bestehen könnte. Dieser Gedanke, daß das Lustvolle aufgesucht, das Unlustvolle gemieden wird, ist allerdings nicht neu. Aristippos von Cyrene (um 435 v. Chr.) wird die erste Formulierung dieses Prinzips *(Hedonismus)* zugeschrieben.

2.4 Motivation und Lernen

Vorbereitet durch die Beiträge der Evolutionsbiologie, in der der prinzipielle Unterschied von Mensch und Tier aufgehoben wurde, begann man vielerorts mit der Erschließung neuer Forschungsfelder. Die Analyse von basalen, häufig zutiefst irrationalen Bedürfnissen, Trieben und Instinkten beim Menschen war ebenso möglich geworden wie die Analyse von Intelligenz- und Lernleistungen bei tierischen Lebewesen (vgl. Kap. 2.1). Thorndike (1911) wandte sich wohl als erster der experimentellen Analyse von Lernprozessen bei Tieren zu. Er betonte insbesondere die Bildung von Verknüpfungen zwischen bestimmten Situationsmomenten und dem Verhalten. Inwieweit solche Verknüpfungen zwischen der Situation und dem Verhalten (also zwischen einem Reiz und einer Reaktion) gestärkt oder abgeschwächt werden, soll davon abhängen, inwieweit das Verhalten zu einer Befriedigung oder zu Unbehagen führt. Verhaltensweisen, die mit »Befriedigung« einhergehen, treten zukünftig mit größerer Wahrscheinlichkeit wieder auf, während Verhaltensweisen, die mit »Unbehagen« verbunden sind, mit geringer werdender Wahrscheinlichkeit auftreten. Lernerfahrungen hängen demnach also von der Möglichkeit der »Befriedigung« ab. Dieses Prinzip, von Thorndike (1911) als »Gesetz der Wirkung« beschrieben, ist später als *»Bekräftigung«* bezeichnet worden.
Wie soll man jedoch den Zustand der »Befriedigung« definieren. Wann und unter welchen Umständen ist etwa ein Tier »befriedigt«? Thorndike hatte für die Beschreibung dieses Vorgangs einen ebenso einfachen wie theoretisch weitreichenden Kniff angewendet: Er hatte nämlich seine Versuchstiere (Katzen), mit denen er experimentierte, vorher hungrig gemacht und ihnen nach gelunge-

ner Stiftung einer Reiz-Reaktions-Verknüpfung Futter verabreicht. Somit war ein Sachverhalt beschrieben, der zunächst das Verhalten motiviert (nämlich Hunger) und dadurch Lernen ermöglicht; und ein weiterer Sachverhalt, der als befriedigend erlebt wird und deshalb eine »bekräftigende« Wirkung haben soll (Nahrung). Mit diesen Formulierungen war ein motivationspsychologischer Sachverhalt als Grundlage bestimmter Formen des Lernens erkannt (vgl. Kap. 2.3).

Die Folgezeit sah ein rasches Anwachsen von Untersuchungen, die sich mit der Frage nach den allgemeinen Gesetzmäßigkeiten des Erwerbs von Reiz-Reaktions-Verbindungen* beschäftigte. Insbesondere ist die Bedeutung der Anzahl und der zeitlichen Verteilung bekräftigender Ereignisse für Lernprozesse ein bevorzugtes Thema der Forschung gewesen. Motivationspsychologische Fragen haben erst allmählich Beachtung gefunden. Zwar gab es eine Reihe von Untersuchungen, die zeigten, daß das zu lernende Verhalten bei zunehmendem Hunger schneller und häufiger auftritt, was jedoch zunächst noch als Beobachtung von eher randständiger Bedeutung angesehen wurde.

Eine wichtige systematische Funktion bekamen motivationspsychologische Konzepte in der allgemeinen Verhaltenstheorie von Hull (1943). Bei der Entwicklung dieser Theorie ging es zunächst um die Formulierung allgemeingültiger Gesetze, die den Neuerwerb bestimmter Verhaltensweisen, die Bildung von Gewohnheiten (»habits«, H) betreffen. In dieser Phase der Theorieentwicklung macht Hull die Stärke solcher Gewohnheiten allein von der Häufigkeit abhängig, mit der die entstehenden Reiz-Reaktions-Verbindungen bekräftigt werden. Die Umsetzung von Gewohnheiten in konkretes Verhalten soll durch motivationspsychologische Konzepte erklärt werden; insbesondere sind hier zunächst wohl primäre Bedürfnisse (Hunger, Durst, Sexualität und Schmerzvermeidung) bedeutend.

Hulls systematische Verhaltenstheorie ist auf dem Hintergrund eines an Darwin orientierten Überlebensmodells zu verstehen. Motivation und Lernen werden nämlich primär unter dem Aspekt ihrer Bedeutung für biologische Anpassungsprozesse gesehen: Wie erhöhen sie die Überlebenschancen in einer bestimmten Umwelt? Zunächst zum Lernen: Hull (1943, S. 68) stellt den gelernten Reiz-Reaktions-Verbindungen angeborene Verbindungen gegenüber und meint, daß angeborene, starre Verhaltensweisen kaum optimal

---

* Als Kürzel hierfür hat der Terminus S-R-Verbindung Verbreitung gefunden (S = Stimulus; R = Response).

sein können, um das Überleben eines Organismus in einer komplexen, höchst variablen und damit relativ unvorhersehbaren Umwelt sicherzustellen. Angeborene Verhaltensweisen müssen deswegen notwendigerweise durch erlernte Verhaltensweisen ergänzt werden, um das Überleben zu sichern.

Motivation ist ebenfalls unter der Perspektive zu betrachten, inwieweit sie für das Überleben des Organismus und der Art wichtig ist. Deshalb werden zunächst auch nur die primären Bedürfnisse betrachtet. Motivation und Lernen sind in der Hullschen Theorie eng aufeinander bezogen. Einerseits lernt der Organismus nur unter der Bedingung, daß er motiviert ist, andererseits wird das Lernen deutlich in den Dienst der Motivation gestellt. Lernen hat eindeutig die Funktion, durch den Neuerwerb bestimmter Verhaltensweisen die Bedürfnisbefriedigung sicherzustellen. Diese körperlichen Bedürfnisse (needs) sind allerdings selbst nicht die unmittelbaren Verhaltensdeterminanten, sondern ein ihnen allen gemeinsames unspezifisches Moment, das die Handlung antreibt. Diese Größe wird als Trieb (*D*rive, D) bezeichnet. Die eigentliche Wirksamkeit des Triebes wird über gewisse dem Trieb zugeordnete Reize, den sog. Triebreizen (S_D) vermittelt. Die primären Bedürfnisse führen zu einer Veränderung des körperinternen Chemismus, der zu bestimmten körperlichen Reaktionen Anlaß gibt (z. B. den Magenkontraktionen beim Hunger, trockene Mundschleimhäute im Falle des Dursts und eine bestimmte Hormonkonzentration im Falle des Sexualverhaltens). Diese körperlichen Reaktionen werden durch Rezeptoren wahrgenommen. Die Aktivität dieser Rezeptoren stellt nun den eigentlichen Triebreiz dar, der dann das Verhalten unmittelbar beeinflußt.

Die Zusammenhänge sehen also so aus, daß bestimmte körperliche Zustände, die vom lebens- und überlebensnotwendigen Optimum abweichen, einen Bedürfniszustand entstehen lassen, dessen energetisierendes Moment theoretisch als Trieb (D) gefaßt wird. Dieses wiederum führt zu einer permanenten Reizung im Organismus, die im Körper selbst wieder wahrgenommen, registriert wird und dann schließlich das Verhalten beeinflußt. Über die Art der Abhängigkeit von Bedürfnis (need), Trieb (D) und dem Triebreiz (S_D) lagen damals keine gesicherten Erkenntnisse vor. Hull (1943) behalf sich hier, indem er, zunächst auch aus Gründen der Sparsamkeit in der Theoriebildung, eine lineare Beziehung annahm, d. h. mit ansteigendem Bedürfnis steigt in gleicher Weise auch der Trieb und der Triebreiz an.

Die Triebreize haben eine wichtige theoretische Bedeutung. Sie garantieren nämlich den jeweilig biologisch sinnvollen Zusammenhang zwischen spezifischen Bedürfniszuständen und den jeweils »passenden« Gewohnheiten. Diese Aufgabe kann ja der Trieb (D) nicht erfüllen, da er nur *allgemeine, unspezifische energetisierende Eigenschaften* besitzen soll. Wenn diesem unspezifischen Trieb jedoch eine spezifische Komponente in Form des Triebreizes zugeordnet ist, so ist durch eine solche Zuordnung eine effiziente Steuerung des Verhaltens gesichert, es gelangt nämlich nur jene spezielle Gewohnheit zur Ausführung, die das entstandene Bedürfnis auch befriedigen kann. Diese Konzeption Hulls (1943, S. 72, S. 240) steht, soweit die physiologischen Komponenten betroffen sind, mit der oben (Kap. 2.3) bereits erörterten lokalen Motivationstheorie weitgehend in Übereinstimmung.

In dem theoretischen Gesamtsystem hat der Trieb den Status einer intervenierenden Variable; er ist selbst nicht beobachtbar, aber eindeutig und erschöpfend an vorauslaufenden und nachfolgenden Bedingungen zu verankern. So kann beispielsweise Hunger objektiv durch die vorangegangene Entzugsdauer von Nahrung definiert werden: Der Trieb wächst mit zunehmender Fastenzeit. Andererseits determiniert der Trieb das Aktivitätsniveau eines Organismus. Die Aktivität eines Organismus spiegelt direkt den motivational bedeutsamen Triebzustand wider.

Daß der Trieb (D) ebenso wie die Gewohnheit (H) Einfluß auf das Verhalten nehmen, ist deutlich geworden. Wie aber sieht deren Interaktion aus, in welcher Weise sind sie miteinander zu verbinden? Hull (1943) leitete diesbezügliche Annahmen aus zwei damals rezenten Studien ab (Williams, 1938; Perin, 1942), in denen Ratten, die 23 Stunden unter Nahrungsentzug standen, eine einfache Reak-

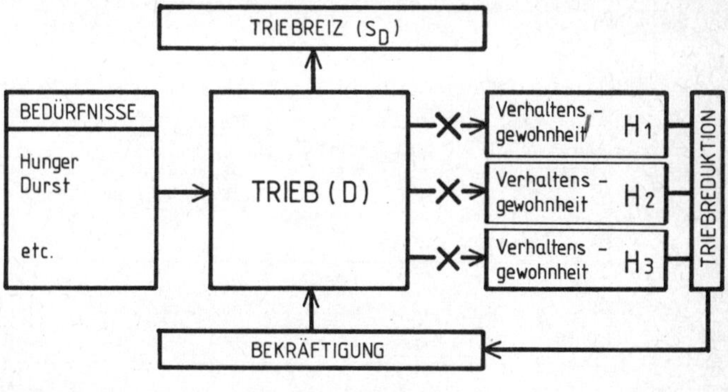

Abb. 4: Schematische Darstellung der Hullschen Triebtheorie in der ersten Fassung

tion (Hebeldrücken) erlernen sollten, die in den verschiedenen Versuchsgruppen unterschiedlich häufig (zwischen 5- und 90mal) belohnt wurde. Anschließend wurden die Tiere in zwei Gruppen aufgeteilt und die eine 3 Stunden, die andere 22 Stunden unter Nahrungsentzug gestellt. Danach wurden sie für das Hebeldrücken nicht mehr belohnt. Man beobachtete nun, wie lange das Verhalten, obwohl es nicht mehr belohnt wurde, noch bestehen blieb (Löschungsresistenz). Man ging hier von der plausiblen Annahme aus, daß starke Verhaltenstendenzen lange Zeit im Verhalten beobachtbar bleiben, während schwache Tendenzen schon nach einigen wenigen nicht mehr belohnten Versuchen erlöschen. Die Ergebnisse dieser Untersuchung, aus der Hull (1943) so weitreichende Konsequenzen ableitete, sind in Abb. 5 dargestellt.

Wie aus dieser Darstellung zu entnehmen ist, hängt die Löschungsresistenz (als Maß für die Stärke der Verhaltenstendenz) zum einen vom Ausmaß vorheriger Belohnungen (also von der Gewohnheit, H) und zum anderen von der Entzugsdauer (also von der Triebstärke, D) ab. Die Asymptoten beider Kurven sind deutlich unterschiedlich und eine Funktion der Entzugsdauer, während die je-

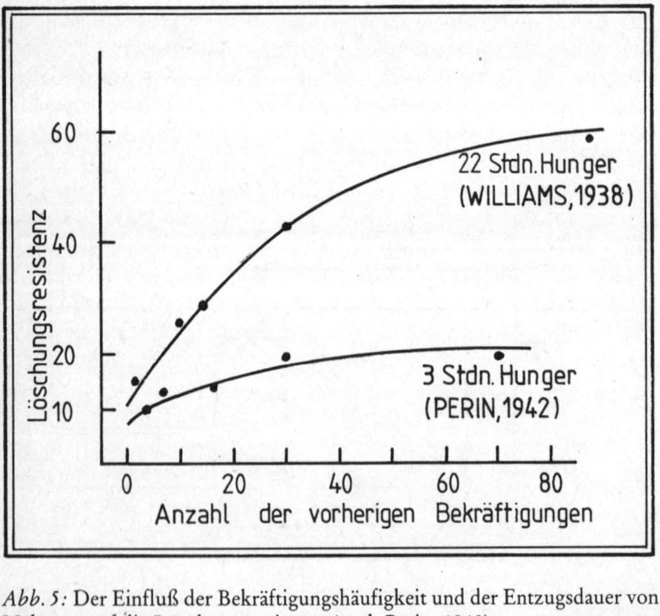

Abb. 5: Der Einfluß der Bekräftigungshäufigkeit und der Entzugsdauer von Nahrung auf die Löschungsresistenz (nach Perin, 1942)

weiligen relativen Zuwachsraten der Verhaltenstendenz praktisch identisch sind. Dieser Sachverhalt, der sich in der grafischen Darstellung als ein Auseinanderstreben der beiden Kurvenverläufe darstellt, legt nahe, die beiden Determinanten der Verhaltenstendenz, nämlich H und D multiplikativ miteinander zu verbinden. Die Verhaltenstendenz (E) besteht demnach aus dem Produkt von Trieb und Gewohnheit:

$$E = D \times H.$$

Triebe sind nicht nur im Zusammenspiel mit Gewohnheiten für die Energetisierung des Verhaltens verantwortlich. Sie spielen auch eine bedeutende Rolle beim Neuerwerb bestimmter Verhaltensweisen, also beim Prozeß des Lernens selbst. Es wurde bereits gesagt, daß Lernen nur dann stattfinden kann, wenn der Organismus »motiviert« ist, d. h. wenn ein Trieb aktiviert ist. Ein Zustand der Motiviertheit ist also notwendige Voraussetzung für Lernen überhaupt. Motivation hat aber andererseits auch einen *indirekten* Einfluß auf das, *was* gelernt wird. Es werden nämlich nur solche Verhaltensweisen erlernt, die eine Belohnung nach sich ziehen, die also bekräftigt werden.

Das Konzept der Bekräftigung ist ebenfalls auf den Trieb bezogen: Während bestimmte Defizitzustände in Organen die biologische Basis für das Entstehen von Triebzuständen darstellen, stellen Ereignisse, die diesen Defizitzustand aufheben oder ihn zumindest verringern (also triebreduzierend wirken, wie z. B. Nahrung im Falle von Hunger) eine »Belohnung« dar. Sie wirken als »Bekräftigung« in dem Sinne, daß das Verhalten, das zu dieser Triebreduktion führte, gelernt wird. Jedes Lernen hängt also von Triebreduktion ab: Wann immer Reiz-Reaktions-Verbindungen auftreten, die mit einer Verringerung des Bedürfnisses (need), des Triebes D sowie auch der zugeordneten Triebreize S_D einhergehen, so führt dies zu einer Bekräftigung dieser Reiz-Reaktions-Verbindungen (Hull, 1943, S. 71). Dieses ist das Gesetz der *primären* Bekräftigung.

Hull (1943, S. 98) hat dieses Prinzip der primären Bekräftigung noch erweitert durch das Prinzip der *sekundären Bekräftigung.* Dieses Prinzip besagt, daß auch äußere Reize, die mit der Triebreduktion gemeinsam auftreten (also eine Assoziation von Reiz- und Triebreduktion), als Bekräftiger fungieren können. Später (Hull, 1951, S. 21) wurde dieser Gedanke weiter ausgebaut. So wie Reize, die mit der *Triebreduktion* assoziiert sind, als *sekundäre Bekräftiger* fungieren können, so können auch Reize, die mit einem Trieb bzw. Triebzustand selbst assoziiert sind, als *sekundäre Triebe* fungieren. Gemeint ist hiermit der einfache Sachverhalt, daß bestimmte äußere Reize, wenn sie nur häufig genug mit bestimmten Triebzuständen gemeinsam auftreten, schließlich die Fähigkeit gewinnen, die gleichen Verhaltensweisen hervorzubringen wie der Trieb selbst. Es werden also durch diese Annahmen zwei Motivationsformen beschrieben, eine primäre – angeborene – und eine sekundäre – erlernte –, die den gleichen Gesetzmäßigkeiten unterliegen. Letztere ist auf die erste rückführbar.

Der Trieb ist also das motivationspsychologische Basiskonzept, das das Verhalten in zumindest dreifacher Hinsicht beeinflußt:

- Als unspezifischer Energetisator verhilft er den ausgebildeten Gewohnheiten zur Verhaltenswirksamkeit.
- Durch seine Entstehung schafft er die notwendigen Voraussetzungen für das Statthaben von Lernprozessen; durch seine Reduzierung fördert er die Herausbildung bestimmter Gewohnheiten.
- Durch die Verbindung mit spezifischen Triebreizen bestimmt er auch die Auswahl jeweils angemessener (»richtiger«) Gewohnheiten und dadurch auch die Richtung des Verhaltens.

Die Zielausrichtung des Verhaltens durch den Triebreiz S_D kann natürlich nur gelingen, wenn der Organismus auf bereits fertig ausgeprägte Gewohnheiten zurückgreifen kann, d.h. dann, wenn die Triebreize S_D selbst bereits Bestandteil einer S-R-Verbindung sind. Sind fertige Gewohnheiten noch nicht ausgeprägt, befindet sich der Organismus also noch im Prozeß des Lernens, so soll der Triebreiz S_D lediglich ein ungerichtetes Suchverhalten bewirken, keinesfalls aber bereits geordnetes und koordiniertes zweck- und zielgerichtetes Verhalten.

Wie wird nun das Verhalten zielgerichtet? Hull (1931) hat dieses Problem frühzeitig erkannt und hat hierzu eigene Modellvorstellungen entwickelt. Verhalten wird unter der Bedingung zielgerichtet, daß es zumindest einmal (zunächst wohl »zufällig«) belohnt (bekräftigt) worden ist. Hat also Verhalten einmal sein Ziel erreicht – ist etwa ein hungriges Tier nach Durchlaufen eines Labyrinths an einer bestimmten Stelle auf Futter gestoßen – so verändert sich dieses Verhalten in der nachfolgenden Zeit unter anderem dadurch, daß bereits während der Verhaltenssequenz, die zur eigentlichen Zielreaktion (z.B. Fressen) führt, bruchstückhafte Anteile dieser Zielreaktion (z.B. Kaubewegungen, Speichelsekretion) auftreten. Hull bezeichnet diese Verhaltensteile als *»fragmentarische vorwegnehmende Zielreaktion«* (r_G). Dieses Verhaltenselement, das »eigentlich« seinen Platz während des Ablaufs der Zielreaktion selbst hat, tritt also vorwegnehmend schon zu einem Zeitpunkt auf, zu dem die Zielreaktion noch gar nicht abläuft.

Es ist ein weiteres Kennzeichen dieser fragmentarischen vorwegnehmenden Zielreaktion, daß sie, wie andere Vorgänge im Organismus auch, eine »propriozeptive Stimulation« (s_G) erzeugt, die von den beteiligten Gewebearealen (Drüsen, Muskeln etc.) ausgeht und vom Organismus selbst wieder wahrgenommen wird.
Wir müssen uns also vorstellen, daß während das Verhalten abläuft, im Organismus ein konstanter Triebreiz S_D vorliegt. Er selber kann einen Teil der Zielreaktion r_G hervorrufen, die selbst wieder einen propriozeptiven Reiz s_G auslöst. Diese $r_G - s_G$-Verbindung bleibt ebenso wie S_D während eines zielgerichteten Verhaltensablaufs bestehen. Die fragmentarische vorwegnehmende Zielreaktion erscheint in einem Verhaltensablauf also zu einem Zeitpunkt, zu dem die eigentliche Zielreaktion noch gar nicht auftritt. Sie verändert weder die Umwelt, noch bringt sie den Organismus in irgendeiner Weise näher ans Ziel. Was sie jedoch tut ist, daß sic Zielreize (s_G) produziert, die ihrerseits Verhaltensweisen hervorrufen, die den Organismus ans Ziel heranführen. Ihre Funktion besteht also darin, daß sie einen bedeutungsvollen Reiz mit zielausrichtender Eigenschaft in einer biologischen Problemsituation bereitstellen. Diese Konzeption wird allerdings erst in der letzten wichtigen Publikation von Hull (1952) deutlich.
Die Tatsache, daß diese fragmentarische vorwegnehmende Zielreaktion bereits am Anfang eines Verhaltensablaufs auftritt, unterstellt, daß der Organismus eine gesamtheitliche Voraussicht bzw. ein Vorauswissen über das besitzen muß, was nicht-hier und nicht-jetzt ablaufen wird (Hull, 1952, S. 151). Allerdings stellt die Hullsche Theorie diese Sachverhalte nicht mit Hilfe kognitiv-mentalistischer Konzepte sondern in Reiz-Reaktionsbegriffen dar, wie es nach dem Anspruch einer physikalisch-naturwissenschaftlichen Basis der Verhaltenstheorie zwingend notwendig erschien (Hull, 1931, S. 488). Mit diesen Ausführungen hat Hull allerdings auch selbst die Überwindung von motivationspsychologischen Modellvorstellungen eingeleitet, die ganz einseitig an innerorganismischen Defizitzuständen orientiert waren.
Eine andere Erweiterung, die in die gleiche Richtung wirkte, war mit der bereits erwähnten Annahme von sog. sekundären Trieben gemacht. Hull (1951) sah sich zu ihrer Anerkennung gezwungen durch die aufsehenerregenden Untersuchungen von Miller (1948), in denen er *Furcht als einen erlernten (sekundären) Trieb* untersuchte. Miller hielt seine Versuchstiere (Ratten) in einem Käfig mit zwei Unterabteilen, die durch ein Tor miteinander in Verbindung standen. Dieses Tor konnte durch das Betätigen verschiedener Mechanismen geöffnet werden. Das erste Abteil war weiß gefärbt und

mit einem elektrifizierbaren Boden ausgestattet. Das zweite Abteil war schwarz und hatte einen normalen Boden. Die Versuchstiere erhielten im ersten Abteil elektrische Stromstöße verabreicht, denen sie jedoch durch eine Flucht in das schwarze Abteil entgehen konnten. Nach einigen Lerndurchgängen vermieden die Tiere den Stromstoß, indem sie bereits vor dessen Einsetzen in das schwarze Abteil überwechselten.

Im zweiten Teil des Versuchs wurde die Verbindungstür geschlossen. Sie war in der kritischen Phase des Experiments von den Tieren durch Betätigung *neuartiger* Mechanismen zu öffnen. Stromstöße wurden nicht mehr verabreicht. Setzte man nun die Versuchstiere in das erste Abteil des Käfigs, so reagierten sie wie bereits im ersten Teil des Versuchs mit deutlichen Furchtanzeichen. Schließlich gelang es ihnen durch die Betätigung des Mechanismus, die Türe zu öffnen und in das schwarze Abteil zu fliehen, was dann fortlaufend zu einem immer früheren Zeitpunkt geschah.

Miller (1948) interpretiert seine Befunde dahingehend, daß die Tiere Furcht vor dem weißen Abteil des Käfigs gelernt hätten; daß die Furcht wie ein erworbener Trieb funktioniert, da sie das Erlernen neuer Verhaltensweisen, wie sie für das Öffnen der Türe in der zweiten Phase des Experiments notwendig sind, motiviert und daß schließlich die schwarze Kammer furchtreduzierend und damit bekräftigend wirke. Anders gesagt entstehen durch die Stromstöße bestimmte physiologische Veränderungen im Körper, die dann, wenn das ursprüngliche schmerzauslösende Moment (die Strom-

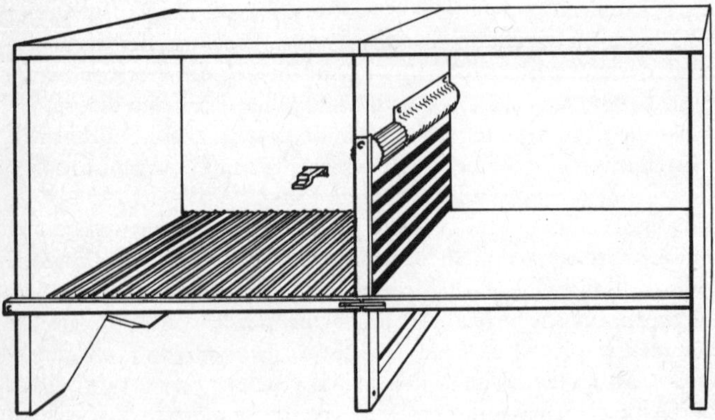

Abb. 6: Versuchsaufbau von Miller (1948) zum Nachweis von »Furcht als erworbenem Trieb«

stöße) nicht mehr vorhanden ist, als Furcht in Erscheinung treten. Diese Furcht wird nun mit Reizen aus der Situation (z. B. die weiße Farbe der ersten Kammer) assoziiert, so daß diese Reize, auch wenn der Schmerzreiz fehlt, Furcht entstehen lassen können. Diese Furcht soll nun seinerseits starke Reize produzieren, die zum Handeln anregen können. Wird Furcht durch bestimmte Formen von Verhalten reduziert, so wirkt dieses im Sinne einer Bekräftigung.
Damit war – hier allerdings nur für einen aversiven Triebzustand – einem basalen Postulat der Hullschen Triebtheorie, dem Triebreduktionsmechanismus, entsprochen. Das Triebkonzept selbst wurde in dem Millerschen Ansatz jedoch sehr viel weiter gefaßt. Hull war, wie wir bereits gesehen haben, ja bereit zuzugestehen, daß auch Reize, die mit Triebzuständen assoziiert waren, selbst wie ein Trieb fungieren können. Miller (Miller & Dollard, 1941, S. 18) hat dieses Konzept entworfen, indem er einen Trieb generell als einen intensiven Reiz definiert. Jeder Reiz, sofern er nur intensiv genug ist, kann danach als Trieb fungieren.
An die Einführung sekundärer Triebe in die Triebtheorie waren große Hoffnungen geknüpft worden. Sah man doch hier eine Möglichkeit, den Geltungs- und Anwendungsbereich triebtheoretischer Konzepte wesentlich auszudehnen und sie aus der selbstverordneten Enge und Einseitigkeit, die durch die Festlegung auf primäre Triebe entstanden war, herauszuführen. So hoffte man insbesondere durch die Einführung erworbener Triebe auch der ganz offensichtlich hohen Komplexität und dem großen Nuancenreichtum von Motivationsphänomenen beim Menschen gerecht werden und damit einen legitimen Gültigkeitsanspruch der Triebtheorie auch für den Humanbereich vertreten zu können. Eine Hoffnung, die sich leider nicht erfüllte. So gab es schon bald eine Reihe von Befunden, die Zweifel daran aufkommen ließen, daß Furcht und deren Reduktion tatsächlich die Rolle spielen konnten, die ihnen in den erweiterten triebtheoretischen Formulierungen zugedacht war. Man machte z. B. die Beobachtung, daß in bestimmten Situationen eine Vermeidungsreaktion so schnell auftritt, daß es unmöglich ist, anzunehmen, sie träte durch die Vermittlung einer Furchtreaktion auf. Beeinträchtigend hat sich weiterhin ausgewirkt, daß es nicht gelang, den Nachweis anzutreten, daß sich erworbene Triebe auch an primäre *aufsuchende* Triebe wie Hunger und Durst angliedern können (Appley, 1970). Der Nachweis eines erworbenen Triebes gelang am ehesten stets für Furcht in Anlehnung an das primäre Bedürfnis nach Schmerzvermeidung. Eine recht schmale Basis für die Vielfalt menschlicher Motivationsphänomene.
Es stellt sich letztlich auch die Frage, ob das hier dargestellte Phä-

nomen zutreffend beschrieben und in den triebtheoretischen Kontext richtig eingeordnet ist. Aus mehreren Gründen erscheint die Bezeichnung »Furcht als erworbener Trieb« irreführend. Zunächst handelt es sich bei der Furcht um eine Emotion, nicht um einen Trieb. Zwar ist diese Gleichsetzung durch die Annahme, daß jeder starke Reiz wie ein Trieb funktionieren kann, theoretisch abgedeckt, jedoch scheint eine deutliche konzeptionelle Trennung zwischen inneren und äußeren Faktoren, die zum Verhalten anregen können, wünschenswert. Weiterhin ist nicht die Furcht selbst erworben, sondern allenfalls die Grundlage ihrer Entstehung. Furcht wird in dem berichteten Beispiel offensichtlich in der weißen Käfigkammer erlernt und durch den Reizkomplex der weißen Kammer wieder hervorgerufen. Ein solcher externer Reiz, der Verhalten, entweder direkt oder aber vermittelt über die Entstehung von Emotionen, anregen kann, wird motivationstheoretisch als *Anreiz* und tunlich nicht als Trieb bezeichnet (s.o.). Der Terminus »Furcht als erlernter Trieb« ist demnach für das durch Miller demonstrierte Phänomen ungeeignet. Es ist richtiger anzunehmen, daß hier triebtheoretische Konzeptionen durch einen Anreizmechanismus ergänzt wurden und nicht durch »erlernte Triebe« (vgl. Cofer, 1972, S. 112).

2.5 Affekte, antizipierte Affekte und Anreize

Wir haben uns bei der Darstellung triebtheoretischer Konzeptionen vornehmlich mit solchen Vorstellungen beschäftigt, in denen einer im Organismus lokalisierbaren Größe die Verantwortung für das Zustandekommen eines Verhaltensablaufs zugewiesen wird. Zweifellos sind aber auch äußere Ereignisse wichtige Einflußfaktoren, häufig können sie die alleinigen Verursacher von Verhalten sein.

Der Einfluß externer, situativer Faktoren auf motivationale Prozesse kann prinzipiell von zweierlei Art sein (vgl. Cofer, 1972, S. 88): So können zum einen externe Ereignisse den Organismus in einen allgemeinen Erregungszustand versetzen oder ihn gar zu sehr gezielten Handlungen anregen. In diesem Fall wird durch ein externes Ereignis ein *motivationspsychologischer Sachverhalt* in Form einer »Anreizmotivation« beschrieben. Externe Ereignisse können aber auch die Auftretenshäufigkeiten von Verhalten verändern, das ihnen selbst unmittelbar vorausgeht (Gewohnheitsbildung). Dieses ist theoretisch als »Bekräftigung« faßbar. Es beschreibt einen *lernpsychologischen Sachverhalt.*

Als Hull (1943) auf solche externen Ereignisse gestoßen war, hat er deren Wirkungen, zunächst in diesem letzteren Sinne, lediglich im Hinblick auf die Ausprägung von Gewohnheiten beschrieben. Anreize wurden mit dem Belohnungskonzept gleichgesetzt und als ein Bestandteil der Umwelt gefaßt, das in der Lage ist, ein Bedürfnis zu befriedigen, d. h. den Trieb zu reduzieren (Hull, 1943, S. 131). Zielobjekte mit einem hohen Anreiz – z. B. eine große Menge Futter – üben eine stärkere bekräftigende Wirkung aus als solche mit geringen Anreizen, weil sie den Trieb stärker und nachhaltiger zu reduzieren in der Lage sind.

Wir hatten oben bereits gesehen, daß jedes Reizereignis, das mit einer Triebreduktion einhergeht, selbst wiederum zu einer Handlung motivieren kann (sekundäre Motivation). Was sich hier bereits anbahnte (Hull, 1943, S. 133), nämlich das Zugeständnis, daß es neben dem Trieb auch andere zur Handlung »motivierende« Faktoren geben könnte, wurde später (Hull, 1951, S. 49) weitergeführt, indem dem Anreiz (K) eine eigenständige Rolle zugewiesen wurde, die sich gleichberechtigt zum Trieb, multiplikativ mit der Gewohnheitsstärke verbindet, um das Reaktionspotential zu bestimmen:

$$E = K \times H$$

In der letzten Fassung seiner Theorie hat Hull dann auch seine allgemeine Verhaltensgleichung konsequent um den Faktor K erweitert (Hull, 1952, S. 140):

$$E = D \times K \times H$$

Mit der Würdigung dieses Anreizfaktors, der im oben beschriebenen Sinne Verhalten selbst anregen kann, war allerdings auch die Konzeption einer stringenten, einheitlichen, auf dem Triebreduktionsmechanismus beruhenden Theorie verlassen, denn wenn D und K als voneinander unabhängige, d. h. nicht aufeinander rückführbare Größen, das Verhalten motivieren können, so ist damit eingeräumt, daß es eine vom Triebreduktionsmechanismus unabhängige Quelle der Motivation geben muß. Die Gründe, die Hull zu dieser Erweiterung seiner Theorie veranlaßt hatten, waren denn auch zwingend.

So konnte Crespi (1942) in mehreren Untersuchungen zeigen, daß die Verhaltensstärke deutlich mit der Belohnungsmenge variiert. Dieser Befund ist noch voll mit einer Interpretation vereinbar, die dem Anreiz eine Rolle lediglich bei der Ausbildung von Gewohnheiten zuweist. Ein anderer Untersuchungstyp brachte Befunde von weit größerer Tragweite. Crespi veränderte während eines Lernvorganges die Futtermenge und fand, daß mit dieser Veränderung des Anreizes auch das Verhalten variierte. So senkten Versuchstiere, die zunächst durch eine große Menge Futter belohnt wurden, deutlich ihre Leistungen, wenn die Futtermenge unvermittelt auf einen Bruchteil der Ausgangsmenge verringert wurde. Ein solcher Befund kann durch einen am Bekräftigungsmechanismus und der Herausbildung von Gewohnheiten angreifenden Anreizfaktor kaum noch erklärt werden, da man in diesem Falle die Annahme machen müßte, daß sich in Abhängigkeit von den Anreizen auch die Gewohnheiten abrupt verändern, daß der Organismus also plötzlich etwas nicht mehr kann, was er kurz zuvor noch beherrscht hat. Eine solche Annahme ist allerdings wenig plausibel und auch durch die Theorie nicht abgedeckt, denn Gewohnheiten verändern sich langsam und kontinuierlich.

Einen vergleichbaren, aber in die umgekehrte Richtung gehenden Befund berichten Tolman & Honzik (1930a). Sie haben mehrere Gruppen von Versuchstieren in einem komplexen Labyrinth bei Lernleistungen beobachtet. Eine dieser Gruppen wurde so behandelt, daß sie während der ersten elf Tage überhaupt nicht, und zwar auch bei erfolgreich abgeschlossenen Lernleistungen, belohnt wurde. Belohnung fand erst nach dem elften Tage statt. Die Ergebnisse dieser Untersuchung zeigten, daß diese Versuchstiere, die elf Tage keine Belohnung erhalten hatten, bereits nach zwei weiteren Tagen das Lernleistungsniveau derjenigen Tiere erreichten, die vom ersten Tage an durchgängig belohnt wurden. Hull (1952, S. 145) nimmt an, daß hier der abrupte Wechsel in der Anreizkonstellation ein besonders »schnelles« Lernen während der kritischen beiden Tage in Gang gebracht hat. Das ist nicht sehr überzeugend. Eine schlüssigere Interpretation dieses Befundes geht vielmehr von der Annahme aus, daß auch während der ersten elf Tage etwas geschehen ist, daß die Tiere etwas gelernt haben, was allerdings »verdeckt« (latent) geblieben ist und sich nicht im Verhalten gezeigt hat. Die zusätzliche Einbringung eines Anreizes schafft erst die Bedingungen dafür, daß sich das Gelernte im Verhalten niederschlagen kann. Darüber hinaus zeigen auch diese Befunde, daß der Bekräftigungsmechanismus und mithin die damit verbundene Triebreduktion nicht der »Motor« des Verhaltens sein kann, denn gelernt wird ja auch, wenn der Organismus keine Belohnung für sein Verhalten erhält.

Befunde, die Zweifel an der Wirksamkeit von Triebreduktion aufkommen ließen, ergaben sich auch in anderen Bereichen. So hat man beispielsweise in Humanversuchen Versuchspersonen sozial und sensorisch »depriviert«, indem man sie in kleinen Kammern isolierte und Vorkehrungen traf, daß sie weder etwas Konkretes

hören noch etwas sehen und auch keine Berührungsreize von der Körperoberfläche aufnehmen konnten. Bei diesen Personen wurde durch das nahezu völlige Ausschalten einer von außen kommenden Reizung das allgemeine Erregungsniveau auf ein Minimum reduziert. Nach den Annahmen der klassischen Triebtheorie müßten sich diese Personen in einem Zustand wunschlosen Glücklichseins befinden. Das Gegenteil war jedoch der Fall. Die Personen fanden diese Situation unerträglich. Das Losgelöstsein von jeglicher Stimulierung und damit auch von Erregung muß demnach ein äußerst unangenehmer Zustand sein, aber keiner, der eigens aufgesucht wird und Verhalten im positiven Sinne motivieren kann.
Auch im Tierexperiment gewonnene Befunde zeigten, daß Triebreduktion nicht das eigentlich bewegende und motivierende Moment sein kann. So zeigte sich beispielsweise, daß auch die Aufnahme einer nährstofffreien Sacharinlösung – eine Lösung also, die einen bestehenden Triebzustand nicht zu reduzieren in der Lage ist – ebenso verstärkende Wirkung hat wie die unvollständige Kopulation mit einem paarungsbereiten Weibchen, was eher trieberhöhende Wirkung haben dürfte.
Zusammenfassend gesehen haben diese und ähnliche Befunde das Hullsche System in zumindest drei wichtigen Punkten erschüttert:

- Bekräftigung und Triebreduktion sind verzichtbare Konzepte für die Erklärung der Motiviertheit des Verhaltens. In vielen Fällen kann die Annahme der Wirksamkeit von Triebreduktion zu falschen Schlußfolgerungen führen, denn Verhalten wird auch ohne Triebreduktion oder geradezu durch eine Erhöhung des Triebzustandes motiviert.
- Wie speziell die Untersuchungen zum latenten Lernen gezeigt haben, gibt es auch Verhaltensdeterminanten mit motivierenden Eigenschaften, die sich einer theoretischen Fassung in Reiz-Reaktions-Begriffen entziehen. Sie legen die Einführung neuer Erklärungsbegriffe nahe. Ein »Wissen um« diese Reiz-Reaktions-Verbindungen muß ebenso wie die zeitliche Vorwegnahme derselben in Form von *»Erwartungen«* theoretisch repräsentiert werden (Tolman, 1959).
- Anreize – etwa die Attraktivität von Zielobjekten – üben einen eigenständigen motivierenden Einfluß aus und sollten ebenso auch theoretisch repräsentiert werden. Das würde die Beschreibung eines motivationalen Mechanismus bedeuten, der auch ohne die Berücksichtigung innerorganismischer Komponenten das Zustandekommen von Verhalten erklären kann.

Diese Schwierigkeiten einer an der Funktionsdynamik von primären Bedürfnissen orientierten Motivationspsychologie ließen viele

Forscher nach alternativen Erklärungsansätzen suchen. Die bereits belegten motivierenden Eigenschaften von Anreizmomenten ließen den Anreiz denn auch als einen geeigneten Kandidaten erscheinen, die Erklärungslast für das Zustandekommen und die Zielausrichtung des Verhaltens zu tragen. Der hierdurch eingeleitete radikale Wechsel in der Theorienbildung basiert auf einer Reihe von grundlegenden Unterschieden zwischen dem Trieb- und dem Anreizkonzept.

- Triebe und Bedürfnisse, primäre und sekundäre, haben eine innerorganismische Grundlage. Mit Anreizen werden hingegen bestimmte Eigenschaften der Außenwelt beschrieben.
- Triebe bzw. Triebzustände beziehen ihre motivationalen Eigenschaften aus Ereignissen der Vergangenheit oder aber der Gegenwart (z. B. ein 20stündiger Nahrungsentzug). Anreize beziehen ihre motivationalen Eigenschaften aus etwas noch nicht Realisiertem, also aus Ereignissen, die in der Zukunft liegen.
- Motivationspsychologische Erklärungen des Verhaltens mit Hilfe von Trieben auf der einen und Anreizen auf der anderen Seite bedeuten auch einen sehr weitgehenden Wechsel in der Erklärungsperspektive. Triebtheoretische Ansätze betonen vornehmlich den Energetisierungsaspekt. Sie gehen von Modellvorstellungen aus, in denen der Organismus durch einen Trieb zum Ziel hin »gedrückt« wird. Da diese Triebe »richtungsblind« sind, muß die konkrete Zielausrichtung des Verhaltens mit Hilfe von Zusatzannahmen erklärt werden. Anreiztheorien gehen hingegen von Modellvorstellungen aus, in denen der Organismus zum Ziel hin gelockt und »gezogen« wird. Das Problem der Zielausrichtung des Verhaltens läßt sich in diesen Theorien eleganter und schlüssiger lösen, das Problem der Energetisierung verlangt in diesen Theorien einen eigenen Lösungsansatz.

Es ist üblich geworden, aufgrund dieser unterschiedlichen Akzentuierungen Trieb- und Anreiztheorien als *»Druck«*- und *»Zug«*-Theorien gegenüberzustellen. Bei diesen Gegensätzen darf jedoch nicht aus dem Auge verloren werden, daß Trieb und Anreiz konzeptuell eng aufeinander bezogen sind. So ist einerseits durch den Trieb vorgegeben, von welchen Zielobjekten Anreize eines bestimmten Typs ausgehen, und andererseits ist durch die Tatsache, daß ein Zielobjekt einen Anreiz besitzt, ein bestimmter Triebzustand oder allgemeiner, eine Motivation auf seiten des Organismus vorausgesetzt. Für den Fall primärer Triebe, von denen wir hier hauptsächlich sprechen, sind diese Abhängigkeitsverhältnisse trivial. So ist durch einen Hungerzustand vorgegeben, daß insbesondere von Nahrungsmitteln Anreize ausgehen. Andererseits beruht

beispielsweise die Tatsache, daß ein Glas Wasser für einen bestimmten Organismus einen Anreiz besitzt, darauf, daß dieser Organismus durstig ist. Was im Falle primärer Motivation so einfach aussieht, kann bei höheren, komplexen Motivationsformen zu einem eigenen Punkt kontroverser Theoriebildungen werden.
Die zunehmende Bedeutung, die die Anreizkonzepte für die Verhaltenserklärung erlangten, führte zu Theoriebildungen ganz neuer Art, in denen dann auch Konstrukte aufgenommen wurden, die bislang vernachlässigt oder gar vermieden worden waren. Das in diesem Zusammenhang wohl wichtigste neue Konzept war das der Emotion. Daß Emotionen das Verhalten beeinflussen und »motivieren« können, war schon in der Antike bekannt und in der Position des Hedonismus dargestellt worden. Danach soll das Angenehme, mit positiven Emotionen verbundene, aufgesucht und angestrebt werden, während das Unangenehme, mit negativen Emotionen verbundene, eher gemieden wird (vgl. Kap. 2.3). Diese alte Weisheit wurde nun von der Psychologie wiederentdeckt und mit Modellvorstellungen verbunden, in denen mit dem Emotionskonzept zugleich das Problem der Motivation gelöst zu sein schien. Autoren wie Leeper (1948) und Duffy (1948) hoben hervor, daß emotionale Prozesse auf komplexen neuronalen Strukturen beruhen, die – ähnlich den Trieben – Verhalten energetisieren können und machten die zusätzliche Annahme, daß die positive oder negative Tönung der Emotionen zugleich für die Zielausrichtung des Verhaltens, nämlich Aufsuchen oder Meiden, verantwortlich ist. Damit war die Last der Erklärung für zwei wichtige motivationspsychologische Sachverhalte, nämlich Energetisierung und Zielausrichtung, zu den Emotionen übergegangen. Weiteren Kredit erhielten diese Modellvorstellungen, als es gelang, tatsächlich neuronale Strukturen im Gehirn zu finden, die ganz offensichtlich für das Entstehen basaler Emotionen verantwortlich sind (vgl. Kap. 2.3).
Affekte dürften das Verhalten in vielfacher Weise beeinflussen. Zwei Beeinflussungsarten gilt es zu differenzieren. Sie haben zu verschiedenartigen Theorieformen geführt. Zunächst boten sich affektive Prozesse an, um die bereits erörterte Position der Triebtheorie doch noch zu retten, indem man das unhaltbare Triebreduktions-Prinzip durch ein Affekt-Prinzip ersetzte und die bekräftigende Wirkung bestimmter Ereignisse nicht mit Triebreduktion, sondern mit *Änderungen eines affektiven Zustandes* erklärte. Einen solchen Vorschlag hat beispielsweise Hilgard (1963, S. 265) gemacht: »Das Triebreduktions-Prinzip kann übersetzt werden in ein Prinzip der Affektveränderung . . . Das zugrundeliegende Prinzip hierbei ist ein Wechsel in Richtung zum positiven Affekt.« Af-

fektive Prozesse dürften allerdings nicht völlig losgelöst sein von körperlichen Bedürfnissen, denn was der Körper bedarf, ist in aller Regel mit positiven, was ihm schadet, mit negativen affektiven Zuständen verbunden. Man kann deswegen einen deutlichen, wenngleich nicht perfekten Zusammenhang zwischen Affekten und körperlichen Bedürfnissen annehmen (vgl. Young, 1949).
Eine einflußreiche und weitreichende Motiv- und Motivationstheorie, die im wesentlichen auf solchen affektiven Vorgängen aufbaut, haben McClelland und seine Mitarbeiter (McClelland, Atkinson, Clark & Lowell, 1953) aufgestellt. Danach spielen die Affekte in zumindest zweifacher Weise eine wichtige Rolle: beim Erwerb von Motiven und bei der Entstehung einer aktuellen Motivationstendenz. Wie wir wissen, hat das erste Problem mit der Entwicklung und Entstehung von stabilen Persönlichkeitsmerkmalen, das zweite Problem mit der situativen Anregung eines Motivs, also mit aktueller Motivation, zu tun.
McClelland definiert zunächst ein Motiv als eine »durch einen Hinweisreiz herbeigeführte Wiederherstellung eines Wechsels in einer Affektsituation« (McClelland et al., 1953, S. 28). Diese Definition enthält drei wichtige Aussagen: 1. Motive bauen auf Affekten (Affektwechseln) auf, 2. auf Affektwechseln beruhende Motive haben eine Lerngeschichte, 3. der Motivierungsprozeß wird durch bestimmte situative Hinweisreize in Gang gesetzt.
Motive basieren also auf Lernerfahrungen, in denen Affekte und Affektwechsel an bestimmte situative Hinweisreize gekoppelt werden. Ein Motiv muß in jedem Fall zwei affektive Bezugspunkte enthalten: einen momentanen Affekt und einen weiteren qualitativ andersartigen Affekt, der gegenüber dem ersten einen Wechsel bedeutet, mit diesem aber assoziativ verbunden ist. Solche Affektwechsel sind als Verschiebungen der Affektlage hin zum Lustvollen oder zum Unlustvollen vorstellbar.
Der obere Teil von Abb. 7 macht diese Zusammenhänge noch einmal deutlich. Ein Reiz R1 ist mit einem Affektwechsel verbunden, der von neutral (0) zum positiven (+) verläuft. Ein Reiz R2 ist nur mit einem positiven Affekt verbunden. Jener an R1 sich anlagernde Affektwechsel macht das Kernstück eines Motivs aus. Eine Motivierung entsteht nur, wenn der Organismus erneut auf den Reiz R1 trifft, nicht hingegen, wenn er auf R2 trifft. Der Reiz R1 ist in der Lage, den ursprünglich erlebten Affekt »antizipatorisch wiederherzustellen«. Er wird zeitlich vorwegnehmend wiedererlebt, was ihn allerdings qualitativ verändert. Wurde in der ersten Situation ein Wechsel hin zum Lustvollen erlebt, so entsteht nun eine *Erwartungsemotion* vom Typ der *Hoffnung;* im umgekehrten Fall ent-

steht eine Erwartungsemotion vom Typ der *Furcht*. Diese Erwartungsemotionen entstehen in Motivierungsvorgängen und sorgen dafür, daß sich die Person in Handlungen einläßt, die ein erneutes Erleben des ursprünglichen Lustaffekts ermöglichen (Aufsuchendes Verhalten) oder ein erneutes Erleben des ursprünglichen Unlustaffekts ausschließen (Meidendes Verhalten).
Obwohl dieses affektive Erregungsmodell (affective arousal model) der Motivation kaum jemals empirisch überprüft wurde, hat es sich doch als sehr einflußreich erwiesen und der Forschung – vor allem im Leistungsmotivationsbereich (vgl. Kap. 4.1) und im Bereich der Motivdiagnostik – wichtige Impulse verliehen. Ein Grund dafür liegt wohl in der hohen Integrationsfähigkeit dieses Modells. Es verbindet trieb- und anreiztheoretische Momente mit dem Grundgedanken von Modellvorstellungen des Erwartung-Wert-Typs, wonach Motivation aus einem Zusammenwirken einer Erwartung- und einer Wertvariablen (das ist ein individuell gewichteter Anreiz) erklärt wird (vgl. Kap. 3.3).
Mowrer (1960) hat das Konzept einer auf Emotionen beruhenden Anreiztheorie am weitesten vorangetrieben. Am weitesten deswegen, weil Anreize hier die alleinige Erklärungslast für »Motiviertes« im Verhalten tragen. Triebe und Triebreduktion sind nicht die eigentlich verantwortlichen Faktoren für die Entstehung von Motivation. Sie sind daran nur noch mittelbar beteiligt insofern, als Triebsteigerung oder Triebreduktion nicht mehr auf das Verhalten

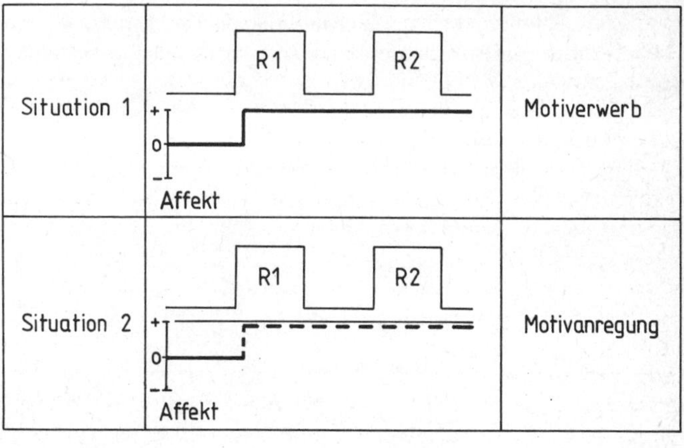

Abb. 7: Die Affekte beim Motiverwerb und bei der Motivanregung in der Motivationstheorie von McClelland (nach McClelland et al., 1953)

selber Einfluß nehmen können, sondern lediglich bekräftigend auf die Entstehung von Emotionen wirken. Mowrer (1960) unterscheidet in seinem System zunächst zwei Haupttypen von Emotionen, nämlich »Hoffnung« und »Furcht«. Hoffnung entsteht z. B., wenn in einer Situation eine als angenehm erlebte Triebreduktion stattgefunden hat. Reize, die hiermit verbunden – assoziiert – werden, sind in der Lage, die Emotion »Hoffnung« entstehen zu lassen, die ihrerseits dann das Verhalten motiviert. Sie übt eine motivierende Wirkung aus, indem sie das Auftreten von Verhaltensweisen erleichtert, die der Zielerreichung dienlich sind. Furcht auf der anderen Seite entsteht durch einen Triebanstieg (z. B. ein schmerzvoller Reiz). Damit assoziierte Reize wirken wie eine Bedrohung, die Furcht entstehen läßt. Furcht motiviert dann zum Rückzug aus der bedrohlichen Situation.

Durch Triebinduktion bzw. Triebreduktion werden also Anreize geschaffen, die ihrerseits Einfluß nehmen auf die Motivation, indem sie das Auftreten bestimmter Typen von Verhaltensweisen fördern. Emotionen werden hier explizit als die eigentlichen »Ursachen« des Verhaltens berücksichtigt (Mowrer, 1960, S. 48–49).

Zusammenfassend läßt sich die Mowrersche Theorie, hier bezogen nur auf die Emotionen vom Typ der Hoffnung und der Furcht, etwa wie in Tab. 1 darstellen.

Mit der Einführung dieser beiden Emotionstypen, deren gemeinsames Charakteristikum es ist, daß sie zeitlich einen noch nicht existierenden Zustand vorwegnehmen und hieran die grundsätzlichen Verhaltensausrichtungen des Aufsuchens und Meidens anbinden, scheint die Schwierigkeit der Behandlung dieses Themas, wie sie den verschiedenen triebtheoretischen Ansätzen zu eigen war, überwunden.

Tab. 1: Vorauslaufende und nachfolgende Bedingungen von Hoffnung und Furcht als motivationale Konstrukte in der Theorie von Mowrer (1960) (nach Bolles, 1967)

Emotion	Bekräftigung	Hervorgerufen durch	Bedeutung des Reizes	Verhaltenseffekt	Lernparadigma
Furcht	Triebanstieg	Hinweisreize, die mit Triebanstieg verbunden sind	Bedrohung (threat)	Beseitigung des Hinweisreizes. Rückzug vom Hinweisreiz	Vermeidungs- und Fluchtlernen
Hoffnung	Triebreduktion	Hinweisreize, die mit Triebreduktion verbunden sind	Verlockung (promise)	Beibehaltung des Hinweisreizes. Annäherung an den Hinweisreiz	Belohnungslernen

Mit der Behandlung der Motivationstheorien von Mowrer und vor allem McClelland verlassen wir zugleich das Feld jener Theorien, die die Motivationsprozesse an biologische Vorgänge anknüpfen. Mowrer nimmt solche biologischen Vorgänge nur noch für die Emotionsentstehung an, McClelland löst sich bereits völlig von dieser Annahme. Es ist interessant, daß beide Forscher Schüler und Mitarbeiter von C.L. Hull gewesen sind. Mit den von ihnen formulierten Theorien nehmen sie eine historisch wichtige Weichenstellung vor, indem sie das motivationspsychologische Denken von den triebtheoretischen Vorstellungen der Hull-Schule lösten und in eine Richtung lenkten, die mit den im deutschsprachigen Raum bestehenden Traditionen – insbesondere der Schule Lewins – zusammenlief. In der jüngeren Vergangenheit sind diese Ansätze insbesondere durch Heckhausen (1963, »Hoffnung und Furcht in der Leistungsmotivation«) aufgegriffen und in der Bochumer Gruppe weitergeführt worden. Wir werden auf diese Entwicklungslinien im nächsten Kapitel näher eingehen.

3. Hauptströmungen der Motivationspsychologie: Kognition, Emotion und Volition

3.1 Erste affekt- und willenspsychologische Ansätze

Als sich die Psychologie Ende des letzten Jahrhunderts aufmachte, eine eigenständige Wissenschaft zu werden, wurde ihr Gegenstandsbereich mit dem »gesamten Inhalt der Erfahrung in seiner unmittelbaren Beschaffenheit« (Wundt, 1905, S. 5) umrissen. Da alle psychischen Erfahrungsinhalte von zusammengesetzter Beschaffenheit sind, muß sich die wissenschaftlich-analytische Auseinandersetzung mit diesem Gegenstand zwangsläufig mit den nicht weiter zerlegbaren Grundbausteinen – den Elementen des Bewußtseins – beschäftigen. Die Aufgabe der Psychologie wird denn im wesentlichen auch darin gesehen, diese *Elemente des Bewußtseins* zu ermitteln und die Gesetze zu beschreiben, nach denen sie miteinander in Verbindung treten. Diese Vorstellungen über den Aufgabenbereich der Psychologie waren in enger Anlehnung an die Chemie entwickelt worden. Ähnlich wie dort ging man von der Vorstellung aus, daß man die Vielfalt der Phänomene zutreffend beschreiben und erklären könnte, wenn man sämtliche Elemente kennt, aus denen sie sich zusammensetzen und die Art und Weise, nach denen sich die verschiedenen Elemente miteinander verbinden. Ähnlich wie in der Chemie hatte man die Vorstellung, daß sich aus der Verbindung elementarer Sachverhalte neue Phänomene (»Psychische Gebilde«) ergeben mit Eigenschaften, die allein aus der Kenntnis der Eigenschaften einzelner Elemente nicht abgeleitet werden können.

Wundt (1896, 1918) hat als erster ein umfassendes System von Elementen und psychischen Gebilden beschrieben, das insbesondere auch unter motivationspsychologischer Perspektive von Bedeutung ist. Zunächst werden in diesem Ansatz *Empfindungen* und *Vorstellungen* angegeben, die auf einfachen Sinneseindrücken beruhen; mit ihnen sind die bewußtseinsmäßigen Darstellungen der Außenwelt beschrieben. Mit vielen solcher Sinneseindrücke gehen *subjektive Gefühle* – etwa der Lust oder Unlust – einher, die weder den Empfindungen noch den Vorstellungen anhaften, sondern ein neu hinzutretendes subjektives Element darstellen. Es ist damit ein sowohl von dem Sinneseindruck als auch von dem auffassenden Subjekt abhängiges Element. Insgesamt werden drei solcher Gefühlspaare unterschieden, nämlich

a) Lust – Unlust
b) Spannung – Lösung
c) Erregung – Beruhigung.

Häufig treten diese »Partialgefühle« nicht isoliert auf, sondern kombinieren sich in irgendeiner Form zu Gefühlsganzen, den sog. »Totalgefühlen«.

Es wird hier bereits deutlich gesehen, daß diese gefühlsmäßigen Bewußtseinsinhalte nicht etwa statische, in der Zeit unveränderliche Sachverhalte darstellen. Eine wichtige Eigenschaft der Gefühle besteht gerade darin, daß sie sich zu einem jeweils typischen *Gefühlsverlauf* verbinden, der in aller Regel an einen Vorstellungsverlauf angebunden ist. Ein zeitlicher Vorgang dieser Art mit wechselnden aber untereinander zusammenhängenden Gefühls- und Vorstellungskomponenten wird als ein *Affekt* bezeichnet. Freude, Hoffnung, Zorn, Sorge, Furcht wären etwa nach diesem Muster zusammengesetzte Affekte (Wundt, 1918, S. 39).

An diese Affekte gliedern sich schließlich die Willensvorgänge als eine weitere Klasse wichtiger zusammengesetzter Prozesse mit zeitlichen Verlaufseigenschaften an. Affekte und ihre Gefühlsinhalte sind die eigentlichen Bestimmungsstücke von Willensvorgängen; sie können ohne Beteiligung affektiver Prozesse nicht zustande kommen. Gefühlsmäßige Vorstellungen eröffnen gewissermaßen einen Prozeß, dessen Ende die eigentliche Willenshandlung bildet. Affekte bereiten die Willenshandlung vor. Solche vorbereitenden gefühlsbetonten Vorstellungen werden als »Motive« oder »Triebfedern« des Willens bezeichnet (Wundt, 1918, S. 41).

Mit dieser Vorbereitung einer Willenshandlung ist aber die Bedeutung der Gefühle noch nicht erschöpft; sie markieren vielmehr auch das Endstadium einer Willenshandlung. Die hier angesiedelten Tätigkeitsgefühle sind vornehmlich aus Erregungs-, Spannungs- und Lösungsgefühlen zusammengesetzt. Erregung und Spannung soll einer Handlung vorauslaufen, Lösung und Erregung begleiten die Handlung und überdauern sie zeitlich.

Wir haben es hier also mit einem prozeßhaften Geschehen einer Willenshandlung zu tun, das durch Gefühle ausgelöst und beendigt wird. Die jeweils eine Willenshandlung auslösenden und sie beendigenden Gefühlsqualitäten sind durch eine unterschiedliche Zusammensetzung der beteiligten Gefühlselemente gekennzeichnet. Affekte, die eine Willenshandlung auslösen, sind häufig durch Spannung, Unlust und Erregung, die eine Handlung beendigenden Affekte sind häufig durch Lösung, Lust und Beruhigung gekennzeichnet.

Unter motivationspsychologischer Perspektive ist insbesondere die

Aufforderungs- und Auslösephase von Interesse. Wie bereits gesagt, sind die Motive als ein Verbund von Vorstellungs- und Gefühlsverbindungen konzipiert. Jede dieser beiden Komponenten eines Motives hat jedoch eigene »motivierende« Eigenschaften. Der Vorstellungsanteil wird als »Beweggrund«, der Gefühlsanteil als die »Triebfeder« des Willens bezeichnet (Wundt, 1905, S. 222). So kann etwa der Beweggrund dafür, daß ein Raubtier eine Beute ergreift, im Anblick der Beute, die Triebfeder der Handlung im Unlustgefühl des Hungers bestehen.

Mit diesen Formulierungen sind deutlich zwei »Ursachen« für Handlungen hervorgehoben, nämlich zum einen die Vorstellung eines externen Reizereignisses, zum anderen ein innerorganismischer Zustand, der in Form eines Unlustgefühls repräsentiert ist. Der Vorstellungsanteil allein ist allerdings nicht in der Lage, Willenshandlungen aus sich selbst heraus und direkt anzuregen; sie können das nur indirekt, nämlich durch ihre Verbindung mit den Gefühlen. »Die Annahme eines aus rein intellektuellen Erwägungen entspringenden Wollens einer Willensentscheidung im Gegensatz zu allen in Gefühlen zum Ausdruck kommenden Neigungen usw. schließt daher einen psychologischen Widerspruch in sich« (Wundt, 1905, S. 223).

Motivationspsychologisch besehen erscheint noch die Unterscheidung von einfachen und zusammengesetzten Willenshandlungen von Bedeutung. Einfache Willenshandlungen gehen aus einem einzigen Motiv hervor und werden als *Triebhandlung* bezeichnet. Sobald allerdings verschiedene Motive, die auf verwandte oder gar unterschiedliche äußere Endwirkungen abzielen, wirksam werden, so entsteht aus der einfachen eine zusammengesetzte Willenshandlung, die auch als *Willkürhandlung* bezeichnet wird. Diese Willkürhandlungen sind oft dadurch gekennzeichnet, daß mehrere Motive in Wettstreit treten und eines schließlich die Oberhand gewinnt. Willkürhandlungen dieser Art sind also durch einen vorangehenden Wahlprozeß gekennzeichnet. In diesem Fall wird die Willkürhandlung zu einer *Wahlhandlung*.

Den der Handlung unmittelbar vorauslaufenden Prozeß des Hervortretens eines dominanten Motivs wird bei Willkürhandlungen eine *Entscheidung*, bei Wahlhandlungen eine *Entschließung* genannt. Sie werden durch entsprechende Gefühle begleitet, die sich durch die oben beschriebenen drei Hauptdimensionen erschöpfend beschreiben lassen. Tritt die Willenshandlung aus dem Stadium ihrer Vorbereitung in ihr Realisierungsstadium, so werden die Entscheidungs- und Entschließungsgefühle abgelöst durch die Tätigkeitsgefühle, die sich über den gesamten Handlungsverlauf erstrek-

ken. Sie werden ihrerseits durch Gefühle abgelöst, die mit der Beendigung einer Handlung – etwa ein erfolgreicher Abschluß – einhergehen. Einfache Triebhandlungen und vollständige Willenshandlungen sind in ihrem Ablauf relativ gleichartig, jedoch dadurch unterschieden, daß bei ersteren die Gefühle der Entscheidung und Entschließung wegfallen.
Vollständige Willenshandlungen können auch in unterschiedlicher Weise rudimentiert werden, etwa dann, wenn sie häufiger wiederholt werden (Wundt, 1905, S. 230f.). Hier werden die zwischen dem Anfangs- und Endpunkt einer Willenshandlung liegenden Abläufe in zunehmender Weise aus dem Prozeßgeschehen eliminiert, was zu einer zunehmenden Mechanisierung der Willenshandlung führen soll. So können vollständige Willenshandlungen in Triebhandlungen und diese schließlich in automatische Bewegungen übergehen, die dann sogar bei völligem Fehlen der Aufmerksamkeitszuwendung zu einem reinen Reflexvorgang verkümmern können.
Mit diesen Ausführungen wird deutlich, daß das Konzept der Willenshandlung sehr weit gefaßt wurde, um schließlich einen nahezu universellen Gültigkeitsanspruch für Handlungen und selbst Bewegungen bei Menschen und Tieren zu bekommen. Hierbei scheint das Spezifische einer Willenshandlung in zunehmendem Maße verloren gegangen zu sein. Vielmehr scheint hier eine ganz allgemeine, auf Gefühlen und Motiven beruhende Handlungstheorie formuliert zu sein. Es sind die Gefühle, in die Wundt das Wesen des Wollens hineinverlegt. Der gesamte Willensprozeß stellt sich dar als ein Affektverlauf, der ausgehend vom Unlustvollen, Gespannten und Erregten im Verlaufe der Ausführung der Willenshandlung seine Lösung findet (vgl. Lindworsky, 1922, S. 148). Es ist also hier der durch eine Tätigkeit herbeigeführte *Affektwandel,* der das eigentliche Bestimmungsstück einer Willenshandlung ausmacht.
Auch Ebbinghaus (1920) behandelt motivationspsychologische Sachverhalte unter trieb- und willenspsychologischer Perspektive. Anders als Wundt macht er jedoch eine deutliche Trennung zwischen Trieb- und Willenshandlungen. An den Trieben werden zunächst zwei Gruppen von Empfindungen unterschieden: eine gefühlsmäßige und eine andere Empfindung, die von reflektorisch hervorgerufenen Bewegungen resultiert, die objektiv das Resultat haben, unlustvolle Empfindungen zu beseitigen oder lustvolle dauernd zu erhalten.
In dem Maße, in dem Triebe und ihre Äußerungen wiederholt erlebt werden, ergeben sich schließlich deutliche Vorstellungen von dem befriedigenden Endzustand des Handlungsverlaufs. Diese

Vorstellungen können nun gewissermaßen an die Stelle des Triebes treten und an seiner Statt das Verhalten determinieren. In dem Umfange, in dem die Determination der Handlung sich loslöst vom Trieb und zu der Vorstellung des befriedigenden Endzustandes übergeht, spricht man anstatt von einer Triebhandlung von einer Willenshandlung. »Der Wille ist der vorausschauend gewordene Trieb« (Ebbinghaus, 1920, S. 80). Der Wille enthält seinerseits drei Bestimmungsstücke. Zunächst jene beiden Typen von Empfindungen, die bereits den Trieb kennzeichnen, außerdem aber noch ein drittes, beide verbindendes Bestimmungsstück: die geistige Vorwegnahme des Endgliedes der ausgeführten Tätigkeit, was eine lustvolle Beendigung eines gegenwärtigen Unlustzustandes bedeutet. Damit ist die Willenshandlung gekennzeichnet durch ein Affektgefälle, das von einem gegenwärtigen Unlustzustand zu einem antizipierten Lustzustand reicht, außerdem durch die Vorstellung einer Handlung, die aufgrund vorher gemachter Lernerfahrungen geeignet ist, den Unlustzustand in einen Lustzustand überzuführen. Das ist eine anreiztheoretische Konzeption eines Willensvorgangs (vgl. Kap. 2.5).

3.2 Erweiterte Perspektiven der Willenspsychologie

Theorien des Willens, in denen Gefühle, Affekte und Vorstellungen über konkrete Bewegungsabläufe eine tragende Rolle spielen, sind insbesondere von Meumann (1908) als irreführend und unzutreffend zurückgewiesen worden. Nach seiner Ansicht können zwar Gefühle, insbesondere solche vom Lust-Unlusttyp, die Ziel- und Zweckvorstellungen begleiten, aber niemals aus sich selbst heraus eine Willenshandlung herbeiführen. Auch die Vorstellung von Bewegungsabläufen ist oftmals für das Zustandekommen einer Willenshandlung gar nicht notwendig. Solche Bewegungsvorstellungen oder die Bewegungswahrnehmung selbst sind zwar an der Regulierung der auszuführenden Bewegung beteiligt, für die Anregung einer Willenshandlung aber nicht von Bedeutung, häufig sogar eher hinderlich. Meumann (1908) macht denn auch die Bestimmungsstücke von Willenshandlungen an ganz anderen Teilprozessen fest. Danach beruht eine Willenshandlung auf zumindest drei Grundtatsachen, die den Charakter von Willenshandlungen ausmachen (Meumann, 1908, S. 188):

1. die Zielvorstellung,
2. das zustimmende Urteil zu dieser und
3. die Herbeiführung der Handlung durch diese beiden Elemente sowie das Bewußtsein der Herbeiführung.

Insgesamt formuliert Meumann seine Willenstheorie in neun Postulaten, die insbesondere auch wegen ihrer großen Verwandtschaft zu modernen Handlungs- und Motivationstheorien (vgl. Kap. 3.4 und 3.5) verdient, einmal genauer betrachtet und der Vergessenheit entrissen zu werden. Zunächst ist der wichtige Ausgangspunkt einer Willenshandlung die *Vorstellung eines Handlungsziels.* Sie leitet die Handlung ein und gibt ihrer Ausführung Richtung und Inhalt. Mit dieser Vorstellung des Ziels einer Handlung eng verknüpft sind Vorstellungen über den Zweck einer Handlung. Mit diesen Zwecken sind häufig auch die *Folgen von Handlungen* angesprochen, die sich an einfache Handlungen und Handlungsergebnisse angliedern können. In der Phase der Handlungsausführung selbst gewinnt mal die Vorstellung des unmittelbaren Ziels, mal die Vorstellung des weiterreichenden Zweckes (Folgen) Zugang zum Bewußtsein.
Dem Ziel der Handlung als dem eigentlichen Kern einer Willenshandlung muß durch einen *bewußten Urteilsprozeß* zugestimmt werden. Das Ziel der Handlung und die zur Zielerreichung notwendige Handlung muß von dem handelnden Subjekt ausdrücklich gebilligt werden. Dieser Prozeß, ein Prozeß der Zielbindung, ist ein wichtiger Bestandteil für Willenshandlungen und ebenso für das Erlebnis des Wollens.
Schließlich kommt ein weiteres Bestimmungsstück hinzu: Wenn eine Zielvorstellung und die billigende Zustimmung die Handlung herbeigeführt haben, so muß der Handelnde auch das Bewußtsein haben, das nichts anderes als dieses die Handlung herbeigeführt hat. Er selbst muß sich als *Urheber der Willenshandlung* erleben. Eine Willenshandlung ist also eine internal zuschreibbare Handlung, für die der Handelnde, auch aufgrund des Urteilsprozesses, Verantwortlichkeit in vollem Umfange besitzt.
Die Entwicklung von Ziel- und Zweckvorstellungen schließlich geht auf Beweggründe (Bewußtseinsmotive) zurück, die mehr oder weniger bewußt werden können. Sie sind die eigentlichen Ursachen des Handelns. Solche bewußten *Motive* können etwa ganz bestimmte Überzeugungen sein, die, wenn sie den Billigungsprozeß überstehen, eine Handlung herbeiführen können. Allerdings ist eine Handlungsdetermination auch denkbar durch Beweggründe (Motive) im weiteren Sinne. Sie entbehren weitgehend das Merkmal der Bewußtheit; sie sind nur dunkel bewußt und können ohne den Zustimmungsprozeß der handelnden Person das Handeln beeinflussen. In Betracht kommen hierbei Gefühle, Sinneseindrücke, frühere Gewöhnungen und angeborene oder erworbene Neigungen der handelnden Person.

Letztlich gehört zu einer Willenshandlung dazu, daß sie tatsächlich ausgeführt wird und daß dieses zu gewissen *Zustandsänderungen* in der Person oder Umwelt führt.
Meumann (1908) hat im übrigen auch bereits darauf hingewiesen, daß Willensprozesse eingebettet sind in das Gesamterleben einer handelnden Person und damit Einfluß nehmen auch auf andere psychische Abläufe. Eine wichtige Auswirkung des Wollens besteht in ihrer *Selektionsfunktion.* Insbesondere sind es hier die zustimmend übernommenen Zielvorstellungen, die eine Auswahl unter den nachgeordneten Prozessen (Handlungen, Gefühle und Stimmungen) herbeiführen und sie determinieren (vgl. Ach, 1905). Diese Selektion unter den psychischen Prozessen, die durch gebilligte Zielvorstellungen herbeigeführt wird, gehört so sehr zum Willensprozeß, daß sie selbst zu deren Kennzeichnung herangezogen werden kann: »Überall, wo diese von uns herbeigeführte Selektion unter psychischen Prozessen eintritt, wissen wir uns wollend tätig« (Meumann, 1908, S. 191). Selektive Informationsverarbeitung wird dieser Grundgedanke in zeitgenössischen Formulierungen genannt (vgl. Kap. 3.6).
Eine letzte Frage, die zu klären bleibt, ist die, wie sich denn eine gebilligte Zielvorstellung tatsächlich in Handlung umsetzen kann. Meumann (1908) bemüht für die Erklärung dieses Sachverhalts einen einfachen *Assoziationsmechanismus.* Er nimmt an, daß die für die Zielvorstellung verantwortlichen Beweggründe (die Motive) des Handelns und die Handlung selber durch Lernerfahrungen miteinander verknüpft sind. Das unter einer bestimmten Zielvorstellung wirksam gewordene Motiv hat dann die Tendenz, die mit ihm am stärksten und deutlichsten verknüpfte Handlung zu reproduzieren, d. h. zur Ausführung zu bringen.
Dieser auf einen einfachen Assoziationsmechanismus zurückgehende Prozeß der Handlungsselektion und -initiation ist aus heutiger Sicht beurteilt sicherlich ein Schwachpunkt in der Willenstheorie Meumanns. Es darf ja gerade als ein Wesensmerkmal der Willenshandlung angesehen werden, daß sie nicht rein assoziativ bedingt ist. Der Wille befreit uns geradezu »aus dem Banne der Assoziationen« (vgl. Lindworsky, 1922, S. 230). Es lagen allerdings zu jener Zeit bereits Konzepte und Erkenntnisse vor, die genau diese Lücke auszufüllen in der Lage waren.
Ach (1905, 1910, 1935) hatte in seinen Überlegungen auf diesen Sachverhalt abgezielt. Er hat den Willen an zwei Stellen in einem Handlungsverlauf tätig gesehen: einmal bei der *Bildung einer Absicht,* einer Handlungsintention, und zum anderen bei der im Anschluß an eine Absicht sich vollziehenden *Determination der*

Handlung. Während sich die Theorie Meumanns unter dem Stichwort der Zielvorstellung und der billigenden Stellungnahme dazu eher dem ersten Problemkreis zuwendet, stellt sich Ach die Frage, wie denn gewährleistet ist, daß eine Absicht, eine Zielvorstellung, d. h. eine beabsichtigte Ausführungshandlung, auch wirklich in die Tat umgesetzt wird. Ach (1935, S. 143) hat diese von einer Zielvorstellung ausgehende Tendenz, dasjenige, was die Zielvorstellung zum Inhalt hat, auch tatsächlich zur Ausführung zu bringen, als *»Determinierende Tendenz«* bezeichnet. Er hat darüber hinaus als erster versucht, diese Tendenz experimentell zu erfassen und hinsichtlich ihrer erlebnismäßigen Inhalte zu beschreiben.
Ach ging bei seinen Untersuchungen von dem fruchtbaren Gedanken aus, der Verwirklichung von Absichten und Zielvorstellungen Hindernisse in den Weg zu legen und an deren Überwindung die Willenskraft zu messen. Er ging z. B. so vor, daß seine Versuchspersonen in einem ersten Versuchsabschnitt insgesamt drei Reihen sinnloser Silbenpaare erlernen mußten. Diese Paarlinge waren von unterschiedlicher Art. In jeweils einer Gruppe reimte sich das jeweils zweite Glied (z. B. zup, tup), es ergab sich durch Umstellen der Buchstaben (z. B. dus, sud) oder stand in keiner erkennbaren Beziehung zu dem jeweils ersten Glied. Hat nun eine Versuchsperson eine Reihe sinnloser Silben erlernt, so soll von dem ersten zum jeweils zweiten Paarling eine starke *Reproduktionstendenz* verlaufen, d. h. bei Darbietung der ersten Silbe entsteht eine Tendenz, auch die zweite – gelernte – Silbe zu reproduzieren. Die Stärke dieser Tendenz soll vom Ausmaß der Lernerfahrungen abhängen. Im zweiten Versuchsabschnitt bekommen die Versuchspersonen eine neue Instruktion, nämlich entweder zu reimen, umzustellen oder einfach frei zu antworten. Hat nun die Versuchsperson diese (zweite) Aufgabe – etwa zu reimen – übernommen, so entsteht hieraus eine determinierende Tendenz, die unter bestimmten Bedingungen mit der in der Lernphase entstandenen Reproduktionstendenz in Widerstreit gerät. Hat die Versuchsperson beispielsweise den Paarling dus-sud erlernt und ist nun mit der Aufgabe versehen, zu reimen, so kommt es bei Darbietung von dus zu der Tendenz sud zu reproduzieren und aufgrund der von der Aufgabe ausgehenden determinierenden Tendenz dazu, etwa mit tus zu reagieren. Die Reproduktionstendenz sucht das erlernte zweite Glied des Paarlings hervorzurufen, die determinierende Tendenz hingegen versucht den Anforderungen der Aufgabe gerecht zu werden. Die stärkere der beiden Tendenzen wird schließlich die Ausführung der Handlung bestimmen. Tatsächlich konnte Ach zeigen, daß dann, wenn die determinierende Tendenz in Widerstreit mit

der Reproduktionstendenz stand, verlängerte Reaktionszeiten und eine Häufung von Fehlern auftraten.
Wichtig in diesen Untersuchungen sind auch die Erlebnisse während der Untersuchung selbst, die Ach sorgfältig dokumentiert und analysiert hat. Mit ihrer Hilfe hat Ach (1935, S. 201) den Willensakt hinsichtlich seiner inhaltlichen Merkmale differenziert beschreiben können. Ach nennt insgesamt 4 solcher Merkmale.
Zum Entschluß, etwas zu tun, gehört zunächst das *gegenständliche Moment* des Vorsatzes mit dem Inhalt der Aufgabe.
Die Übernahme eines Handlungsziels kommt im Erlebnis des »ich will wirklich« zum Ausdruck und wird von Ach als das *aktuelle Moment* eines Willensaktes beschrieben. In diesem aktuellen Moment gelangt der Tatbestand des Vorsatzes, daß das beabsichtigte Tun unter allen Umständen, unter Ausschluß jeder anderen Möglichkeit, ausgeführt werden wird, besonders stark ins Bewußtsein. Dieses Erlebnis pflegt man auch die »Übernahme der Aufgabe« zu nennen.
Schließlich ist das *anschauliche Moment* des Willensaktes von Bedeutung, in dem besonders stark Spannungsempfindungen das Erleben beherrschen.
Eine letzte erlebnismäßige Begleiterscheinung des Willensaktes ist die Bewußtseinslage der Anstrengung, die das *zuständliche Moment* des Willensaktes beschreibt. Sie begleitet den gesamten Vorgang des energischen Wollens.
Der Willensakt, in dieser Weise konzipiert, erweist sich als ein wirksames Mittel zur Erreichung der intendierten, gewollten Ziele einer Handlung. Ist der Vorsatz verwirklicht, ist das gewollte Handlungsziel erreicht, ergeben sich ebenfalls typische Erlebnisvorgänge, in denen insbesondere das Ich der handelnden Person als Ursache hervorgehoben ist. In der Regel entstehen fernerhin intensive Lustgefühle, deren Stärke vom *Wirkungsgrad des Wollens*, d. h. dem Verhältnis von Realisiertem zu Beabsichtigtem abhängt. Die Vorstellung war die, daß das intendierte Handlungsziel mit dem tatsächlich erreichten Handlungsstand verglichen wird und daß dann je nach Richtung und Ausmaß der Diskrepanzen positive und negative Affekte entstehen.
Die Untersuchungen Achs und deren Interpretation haben zu vehementer Kritik Anlaß gegeben. Insbesondere die Tatsache, daß Ach den Willen bei der Verwirklichung eines Vorsatzes wirksam werden sah, hat zu Widerspruch geführt. So hat etwa Selz (1911) eingewendet, das eigentliche Gebiet, auf dem sich die Willenskraft zu bewähren habe, sei die erstmalige Setzung eines Entschlusses. Man kann deshalb hier zwei Phasen in einem Handlungsprozeß

voneinander abheben, in denen jeweils unterschiedliche Vorgänge des Willens eingreifen: die Findung eines Vorsatzes auf der einen und die handlungsmäßige Umsetzung dieses Vorsatzes auf der anderen Seite. Das erste ist ein Problem der *Selektion* (Auswahl), das zweite ein Problem der *Realisation* (Verwirklichung) eines Vorsatzes oder einer Absicht. Einige zeitgenössische Motivationstheorien haben diesen in Vergessenheit geratenen Sachverhalt erneut aufgegriffen (vgl. Kap. 3.6).

Die Einseitigkeiten in den Theoriebildungen führten bereits in der damaligen Zeit zu Modellvorstellungen, in denen zwei Typen von Willensakten unterschieden werden: einmal jene, die sich auf Wahlentscheidungen und auf die Entschluß- und Vorsatzfindung beziehen und zum anderen solche Prozesse, die sich auf die Durchführung des gefaßten Vorsatzes beziehen. Bereits Lindworsky (1919, 1932) beschreibt, daß sich der Wille auf eben diese zwei Gebiete bezieht; der rein äußeren Durchführung eines schon gefaßten Vorsatzes und, zeitlich vorauslaufend, dem Akt der Entschlußfassung (1932, S. 55). Der Vorgang der Übernahme einer Aufgabe ist nach seiner Ansicht von willenspsychologisch größerer Bedeutung als jener Willensprozeß, der bei der Ausführung der Aufgabe abläuft.

In den experimentellen Arbeiten, die sich auf *Wahlentscheidungen* beziehen, haben sich Michotte & Prüm (1910) intensiv mit dem Problem der motivationalen Grundlagen solcher Entscheidungen beschäftigt und haben zunächst Motiv und Motivation deutlich voneinander abgehoben. Während Motiv den Grund, die Ursache einer Wahlentscheidung beschreibt, wird unter Motivation die spezielle Beziehung zwischen den Motiven und der Wahl bezeichnet. Willensakte werden also in der Motivation vorbereitet.

In ähnlicher Weise macht Lindworsky (1919, 1932) das Willenskonzept am Motivbegriff fest. Motive sollen auf *subjektiven Werten* und Wertvorstellungen beruhen, die über die Verwirklichung bestimmter Handlungsziele realisiert werden können. In den experimentellen Untersuchungen »über den Entschluß zum Unlustvollen« berichtet Lindworsky (1923, S. 114f.) z.B., daß man, um zu einem schweren Entschluß zu kommen, nicht zunächst zu einer Steigerung des »ich will« (im Sinne Achs) greift. Vielmehr entsteht eine Entscheidung zum Unlustvollen dann, wenn es gelingt, sich das Vorteilhafte bzw. die positiv wertbesetzten Folgen des eigenen Tuns intensiv vorzustellen. Vorstellungen über den Wert eines zu erreichenden Handlungsziels sind also für die Entschlußfassung das entscheidende Moment und nicht so sehr das von Ach beschriebene »ich will«. In der Tat tritt ja in den Untersuchungen von Ach

das Erlebnis des »ich will« infolge der Behinderung der Willenstätigkeit durch die Reproduktionstendenzen auf. Die Untersuchungen zu Wahlentscheidungen haben dieses Bewußtsein des »ich will« kaum hervortreten lassen. Die Versuchspersonen erlebten sich nur als Entscheidende. Mit diesen Formulierungen sind auch Motive als die Grundlage des Wollens erkannt, die ihnen jeweils zugrundeliegenden Werte und Wertvorstellungen sind die wichtigen Einflußfaktoren auf Wahlentscheidungen und Entschlußfassungen.
Aber auch anderen Aspekten der von Ach beschriebenen und analysierten Phänomene wurde die Anerkennung als eigenständige Willensprozesse versagt. Lindworsky (1923) fand die Ausstattung des Vorsatzes mit einer eigenen motivationalen Kraft, der determinierenden Tendenz, unangemessen. Nach einer eingehenden Analyse der Achschen Untersuchungsprotokolle sowie eigener Experimente gelangte er zu der Auffassung, daß die Annahme einer selbständigen »Kraft« des Vorsatzes in der Form der determinierenden Tendenz überflüssig sei. Vielmehr ist von Bedeutung, mit welcher *Verbindlichkeit* ein Vorsatz, zu jener Zeit, wo er ausgeführt werden soll, im Bewußtsein steht. Damit ist das Motivationsproblem bei der Handlungsausführung ebenso wie bereits dasjenige bei der Entschlußfassung als ein reines *Auswahlproblem* konzipiert: Es muß dafür Sorge getragen werden, daß der jeweils »richtige« Vorsatz dann, wenn er für die Handlungsausführung benötigt wird, im Bewußtsein steht. Mit diesen Formulierungen wurde das gesamte Motivationsgeschehen auf den Selektionsaspekt reduziert. Das eigentliche Anliegen Achs, nämlich die Beschreibung von Motivationsvorgängen, die dafür Sorge tragen, daß eine einmal intendierte Handlung auch tatsächlich ausgeführt wird, daß man auch angesichts von Schwierigkeiten »bei der Stange« bleibt, wurde als Vorgang gesehen, der keiner eigenständigen Erklärung bedurfte.
In ähnlicher Weise äußerte auch Lewin (1922) Kritik an den Achschen Untersuchungen und seinen theoretischen Schlußfolgerungen. Er äußerte Zweifel an der Annahme, daß es in dem Versuch von Ach zu einem Konflikt zwischen der Reproduktionstendenz und der determinierenden Tendenz gekommen sei. Seine Kritik beruht allerdings auf der Annahme, daß allein durch das Stiften von Assoziationen in der Lernphase noch keine motivationale Tendenz zur Reproduktion des jeweils zweiten Gliedes des Silbenpaares entsteht. Gelerntes kann, wie er meint, aus sich selbst heraus nicht Einfluß auf das Verhalten nehmen. Es bedarf hierzu spezieller Anregungen. Wenn nun die Annahme einer eigenständigen Reproduktionstendenz fragwürdig wird, so entfällt damit auch die

Grundlage für die Annahme eines Konfliktgeschehens, in dem die beiden Tendenzen in Widerstreit geraten und die determinierende Tendenz die Oberhand gegenüber der Reproduktionstendenz gewinnt.

Die von vielen Seiten geäußerte Kritik an den theoretischen Konzeptionen von Ach führte dazu, daß dieser Ansatz, der sich gezielt auf die motivationalen Prozesse bei der Ausführung eines Vorsatzes bezieht, für die Motivationspsychologie verlorenging (vgl. Witte, 1976). Viele der neueren Motivationstheorien beschäftigen sich vor allem mit solchen Motivationsprozessen, die während der Auswahl einer Handlung aus mehreren zur Verfügung stehenden Alternativen ablaufen. Ist ein Entschluß gefaßt, eine Auswahl getroffen, so läuft das weitere Motivationsgeschehen »wie von selbst« ab bzw. wird es durch die gleichen Faktoren gesteuert wie diejenigen, die schon bei der Wahl maßgeblich waren. Das von Atkinson (1957, 1964) vorgestellte Risiko-Wahl-Modell leistungsorientierten Verhaltens ist für diesen Typ der Modellbildung ein gutes Beispiel (vgl. Kap. 4.1).

Auch die Frage, in welcher Weise denn nun die Beeinflussung einer beabsichtigten Handlung durch den Vorsatz selbst geschieht, hat zu nachhaltigen Kontroversen Anlaß gegeben. Ach (1910) hatte hier die Vorstellung geäußert, daß im Vornahmeakt zwei Ereignisse miteinander gekoppelt werden, nämlich eine *»Bezugsvorstellung«* – die Gelegenheit, zu der eine ganz bestimmte Handlung ausgeführt werden soll – und eine *»Zielvorstellung«* – die beabsichtigte Ausführungshandlung selbst. Beim Auftreten der Bezugsvorstellung – dann nämlich, wenn sich eine geeignete Gelegenheit ergibt – wirkt die determinierende Tendenz dahin, die im Vornahmeakt bereits mit enthaltende Ausführungshandlung zu realisieren. Lewin (1926) hat demgegenüber auf eine Reihe von Besonderheiten einer Vorsatzhandlung hingewiesen, die durch die Annahme einer determinierenden Tendenz allein nur unzureichend erklärt werden können. So weist er beispielsweise auf den Tatbestand hin, daß dann, wenn eine Vornahmehandlung ausgeführt wurde – die Vornahmehandlung also »erledigt« ist – das nochmalige Auftreten der auslösenden Gelegenheit unter bestimmten Umständen völlig ohne Wirkung bleibt. Weiterhin konnte man beobachten, daß die Wirkung einer Vornahme häufig auf andere als die im Vornahmeakt vorgesehenen Gelegenheiten anspricht oder daß andere als die dort beabsichtigten Ausführungshandlungen stattfinden. Das Ausführen solcher mit der ursprünglich beabsichtigten Handlung nur äquivalenter aber nicht identischer Handlungen – sog. *»Ersatzhandlungen«* – führt im allgemeinen dazu, daß bei Auftreten der im Vornahmeakt

vorgestellten Gelegenheiten die ursprünglich vorgenommene Handlung nicht mehr zur Ausführung kommt.
Auch unterbrochene Vorsatzhandlungen lassen eine Reihe von Besonderheiten erkennen. So zeigte sich, daß nach einer Unterbrechung eine starke Tendenz zur Wiederaufnahme der unterbrochenen Handlung besteht. Ihr Auftreten ist häufig nicht an das Vorhandensein etwa eines äußeren Anreizes gebunden, sondern stellt ganz offensichtlich eine spontane Aktivität des Organismus dar (Ovsiankina, 1928). Die Wiederaufnahme einer Vornahmehandlung kann allerdings auch unterbleiben, und zwar dann, wenn in der Zwischenzeit eine der ursprünglich beabsichtigten – aber unterbrochenen – Handlung, äquivalente Handlung, ausgeführt wurde. Es kommt hier zu einer Art »Ersatzerledigung«. Der Ersatzwert einer solchen Handlung stieg in aller Regel mit der Ähnlichkeit zur ursprünglich beabsichtigten Handlung an (z.B. Lissner, 1933). Eine Erklärung dieser Phänomene versucht Lewin (1926) in seiner Theorie der Vornahmehandlung.

3.3 Motivation durch Erwartung und Wert

Der Übergang von der Willenstheorie zu Motivationstheorien vom Typ Erwartung-Wert ist durch die Theorie der Vornahmehandlung (Lewin, 1926) gekennzeichnet. In dieser Arbeit entwirft Lewin, von den Vornahmehandlungen ausgehend, eine allgemeine Motivationstheorie und benutzt hierzu eine Reihe ganz neuer theoretischer Konstrukte. Das wichtigste motivierende Agens ist ein »innerer Spannungszustand«, ein Druck, der auf die Ausführung einer Vornahmehandlung hindrängt. Diese Kräfte weisen eine weitgehende Verwandtschaft zu jenen Kräften auf, die auch bei Bedürfnissen und Trieben zu beobachten sind. Auch bei ihnen spielen Bezugsvorstellungen, d.h. Gelegenheiten, die eine Bedürfnisbefriedigung versprechen, eine wichtige Rolle; sie werden theoretisch als *»Aufforderungscharakter«* oder »Anreiz« gefaßt. Diese Aufforderungsgehalte sind keineswegs konstant, sie ändern sich in dem Maße, in dem sich die entsprechenden Bedürfnisse ändern. So kann beispielsweise eine trockene Schnitte Brot für den hungrigen Organismus einen hohen positiven Aufforderungscharakter haben, während sie für den gesättigten oder gar übersättigten Organismus entweder gar keinen oder sogar einen negativen Aufforderungscharakter haben. Ein positiver Aufforderungscharakter ist in der Regel mit Verhaltensweisen des Aufsuchens, ein negativer Aufforderungscharakter in der Regel mit Verhaltensweisen des Meidens verbunden.

Die Dinge, die Aufforderungscharakter besitzen, sind direkte Mittel zur Bedürfnisbefriedigung. Veränderungen der Aufforderungscharaktere verlaufen parallel zu denjenigen in den Bedürfnissen selbst. Eine Wandlung in den Bedürfnissen geht mit einer Wandlung von Aufforderungscharakteren einher. Bei Mangel an Gelegenheiten zur Bedürfnisbefriedigung werden bei ansteigenden inneren Spannungen solche Situationen aktiv aufgesucht, die eine Bedürfnisbefriedigung verheißen. Andererseits können die situativen Gegebenheiten mit ihrem Aufforderungscharakter so verheißend und verlockend sein, daß Bedürfnisse oder Vornahmen dadurch entstehen können (»Gelegenheit macht Diebe«).
Die große Parallelität in den Funktionsweisen von Bedürfnissen und Vornahmen veranlaßte Lewin (1926, S. 355), die Vornahme als ein *Quasibedürfnis* zu bezeichnen. Häufig liegen den Quasibedürfnissen »echte« Bedürfnisse zugrunde; d. h. ein bestimmter Vorsatz wird gefaßt, weil der Organismus sich in einem bestimmten Bedürfniszustand befindet – etwa weil er sehr hungrig ist. Ja, die durch den Vornahmeakt gesetzten Spannungen und Aufforderungscharaktere sind im Grunde nur abgeleitete Größen. Sie gehen in jedem Falle zurück auf Bedürfnisse oder Triebe. So hängt dann auch die Wirksamkeit einer Vornahme nicht etwa von der Intensität ab, mit der sie gefaßt wird, sondern von der Intensität der Bedürfnisse, auf die sie zurückgeht. So von den Bedürfnissen abhängig gemacht, erhebt sich natürlich die Frage, ob sie nicht für die motivationspsychologische Theoriebildung überflüssig sind.
Lewin (1926) weist den Vornahmen eine wichtige Rolle bei der vorausschauenden Strukturierung von Situationen (dem »Feld«) zu. Durch die Vornahme können gewissermaßen Umstände geschaffen werden, die es dem Handelnden erlauben, dann, wenn diese Umstände tatsächlich eintreffen, sich ganz den Aufforderungscharakteren der Situation (d. h. der Wirkung des »Feldes«) zu überlassen. So führt beispielsweise die Vornahme, einen Brief in einen Briefkasten zu werfen dazu, Situationen aufzusuchen, in denen diese Handlung möglich ist. Ist eine solche Situation hergestellt, man hat einen Briefkasten gefunden, wird die Handlung wie automatisch durch die Kräfte des Feldes, also die Aufforderungscharaktere der Situation, gesteuert.
Diese hier dargestellte Konzeption des Vorsatzes, die an der Kritik der Achschen willenspsychologischen Konzeption ansetzte, hatte weitreichende Folgen. So führte die Kritik an der Vorstellung, daß die im Vornahmeakt verbundenen Bezugs- und Zielvorstellungen assoziativ miteinander gekoppelt sein sollen dazu, nicht nur dieses Koppelungsprinzip zu ersetzen, sondern darüber hinaus auch das

Willens- und Vorsatzproblem gänzlich umzuformulieren. Während es sich bei Lewin um Vorsätze handelt, die gänzlich in den Diensten von Bedürfnissen stehen und gewissermaßen nur mit der Aufgabe versehen sind, Möglichkeiten zu deren Befriedigung herzustellen, zielt das Achsche Vorsatzkonzept mehr auf die Durchführung von Handlungen, die gerade *nicht* durch die Aufforderungscharaktere der Situation nahegelegt oder durch andere Faktoren begünstigt werden und die zudem häufig mit Unlustanzeichen verbunden sind. Es geht bei Ach um solche Verhaltensweisen, die gerade *gegen* situative Verlockungen oder bei großen sich auftürmenden Schwierigkeiten aufrechterhalten und durchgeführt werden müssen.

Um es in ein anschauliches Beispiel zu kleiden: Das Lewinsche Vorsatzkonzept ist auf einen fröhlichen Zecher anwendbar, der am Sonntagmorgen den Vorsatz faßt, zum Frühschoppen zu gehen, dieses auch tut, um sich dort völlig den Verlockungen und Aufforderungscharakteren der Situation zu überlassen. Er wird spät abends Schwierigkeiten haben, nach Hause zu finden. Ganz anders sein Kollege, der einen Vorsatz nach Achschem Muster gefaßt hat. Er will – aus welchen Gründen auch immer – obwohl mit »Bierdurst« versehen, den sonntäglichen Wirtshausaufenthalt bei Mineralwasser verbringen. Er wird sich, wenn er seinen Vorsatz realisieren will, kaum den verlockenden situativen Aufforderungscharakteren überlassen dürfen. Er muß mit großen Anstrengungen gegen die durch die objektiven situativen Bedingungen geschaffenen Aufforderungscharaktere ankämpfen.

Die von Lewin geäußerte Kritik an der Achschen Willenstheorie war ganz offensichtlich für viele so überzeugend, daß die Behandlung von Willensakten dieser letzten Art fortan zunehmend an Bedeutung verlor. Sie gerieten schließlich in Vergessenheit, aus der sie erst jüngst wieder befreit wurden (Schneider & Schmalt, 1981).

Die andere weitreichende Folge dieser Auseinandersetzung mit Ach bestand darin, daß sie Lewin zu einer völlig neuen Sichtweise für motivationspsychologische Probleme und schließlich zu der Fassung einer allgemeinen Handlungs- und Motivationstheorie führte, deren Einflüsse auf die weiteren Entwicklungen kaum zu überschätzen sind. Einige wesentliche Begriffe dieser Theorie sind bereits oben erwähnt worden. Da war von Bedürfnissen, Aufforderungscharakteren der Situation, dem Feld und schließlich dem Spannungsbegriff die Rede. Die Integration dieser verschiedenen Konzepte zu einer umfassenden Theorie gelang Lewin allerdings erst später (Lewin, 1935, 1946).

Zentraler Begriff der Theorie ist das *»Feld«*. Es umfaßt sämtliche psychologisch wirksamen Bedingungsfaktoren der Situation wie auch der Person. Es trägt dem Grundpostulat der Theorie Rechnung, wonach die Analyse des Verhaltens von der Gesamtsituation auszugehen hat und sich nicht auf einige wenige Größen der Person (z.B. Triebe, Bedürfnisse) oder der Situation (z.B. Anreize, auslösende Reize) beschränken darf. Dieses fand auch seinen Niederschlag in Lewins (1946) fundamentaler Verhaltensgleichung, wonach das Verhalten (V) als Funktion von Personfaktoren (P) und Umgebungsfaktoren (U) zu konzipieren ist:

$$V = f(P, U).$$

Lewin entwickelte nun für jedes der beiden Teilsysteme ein eigenes Modell (ein *»Personmodell«* und ein *»Umweltmodell«*), in dem die psychologisch wirksamen Sachverhalte sowie ihre jeweiligen Verbindungen untereinander durch ihre gegenseitige räumliche Lage gekennzeichnet sind*. Unter *strukturellen* Gesichtspunkten wird die Person zunächst durch ein ovales Gebilde dargestellt, das sich nach außen von der Umwelt isoliert. Innerhalb der Person sind Bereiche abgegrenzt, die jeweils für bestimmte Handlungsziele stehen, die ihrerseits wiederum auf Bedürfnisse oder Vornahmen (Quasibedürfnisse) zurückgehen. Ihre Ähnlichkeiten und Verwandtschaften werden in dem Modell durch die räumlichen Nachbarschaftsverhältnisse dargestellt.

Ein solches System von aneinandergrenzenden Bereichen verbleibt nicht in Ruhelage, es verändert sich vielmehr. Solche Veränderungen und Bewegungen in dem System beschreibt Lewin unter dem *dynamischen* Gesichtspunkt mit Hilfe des Spannungsbegriffs (s.o.). In dem Maße, in dem ein bestimmter Bereich – das ist ein Zielzustand – auf Verwirklichung durch eine Handlung drängt, gerät das System unter Spannung. Ein solches *»gespanntes System«* drängt nach Spannungsausgleich (nicht Spannungsreduktion!) in Relation zu den benachbarten Bereichen. Ein solcher Spannungsausgleich kommt z.B. zustande, wenn eine Handlung ausgeführt wird, die den jeweils entsprechenden Zielzustand realisiert. Wird der anvisierte Zielzustand nicht erreicht, sei es, daß er durch die Handlungen nur zum Teil realisiert oder ein ähnlicher Zielzustand erreicht wurde oder sei es, daß die zielgerichtete Handlung selbst unterbrochen wurde, so wird nur ein teilweiser Spannungsausgleich erreicht. Die verbliebene Restspannung kann

* Räumliche Nachbarschaften bedeuten im Personmodell etwas anderes als im Umweltmodell. Im Personmodell bezeichnen sie Ähnlichkeiten zwischen psychologischen Sachverhalten (z.B. Bedürfnissen), im Umweltmodell bezeichnen sie Mittel-Ziel-Beziehungen.

bewirken, daß die unterbrochene Handlung wieder aufgenommen oder eine neue Handlung initiiert wird (s.o.).
Das Umweltmodell ist *strukturell* von ähnlicher Beschaffenheit. Es ist auch in Bereiche gegliedert, die in diesem Falle jedoch die Wahrnehmung von Zielereignissen und Möglichkeiten instrumenteller Handlungen zur Realisierung dieser Zielereignisse repräsentieren. Da es sich hier um subjektive Wahrnehmungen von Zielereignissen handelt, unterliegen sie auch den subjektiven Bewertungen des Handelnden. Sie erhalten, wie wir bereits gesehen haben, positive oder negative Aufforderungscharaktere, sie erhalten eine »Valenz« und stellen sich dar als Zielregionen mit Verlockungs- oder Abschreckungscharakter (vgl. Abb. 8). Die Valenz hat demnach zwei Bestimmungsstücke: das Bedürfnis (die Bedürfnisspannung, t(= tension)) und die Attraktivität des Zielobjekts (G, Goal):

$$Va\,(G) = f\,(t,G)$$

(Lewin, 1938, S. 106–107).
Unter *dynamischer* Sichtweise stellt sich die solchermaßen mit einer herausgehobenen Valenz versehene Umwelt als ein Kräftefeld dar, dessen Zentrum jeweils in dem valenzierten Bereich liegt (vgl. Abb. 8). Es gibt hier eine auf die Person wirkende Kraft, die sie dazu veranlaßt, sich aus der Region A in die Region Z zu bewegen (psychisch, nicht unbedingt auch motorisch). Diese Kraft ist entscheidend von der Valenz des Zielobjekts (Va (G)) abhängig; aber auch von der psychologischen Distanz zwischen Person und Zielbereich ($e_{P,G}$). Wie Abb. 8 veranschaulicht, kann die Person verschiedene Handlungswege zum Zielbereich mit jeweils unterschiedlicher Anzahl von Handlungsschritten wählen, was sich dann in unterschiedlichen Entfernungen ausdrückt. Insgesamt ist die Stärke der auf eine Person (P) in Richtung auf das Ziel (G) wirkenden Kraft ($f_{P,G}$) direkt proportional der Valenz und umgekehrt proportional der Entfernung:

Abb. 8: Das Umweltmodell, dargestellt an einem positiven Kräftefeld, in dem alle Kräfte auf den positiv valenzierten Zielbereich (Z +) gerichtet sind. Wenn sich eine Person, hier ein Kind (= K) in Region A aufhält, ist die Kraft $k_{A,Z}$ diejenige, die auf das Kind in Richtung auf das Ziel wirkt (nach Lewin, 1946)

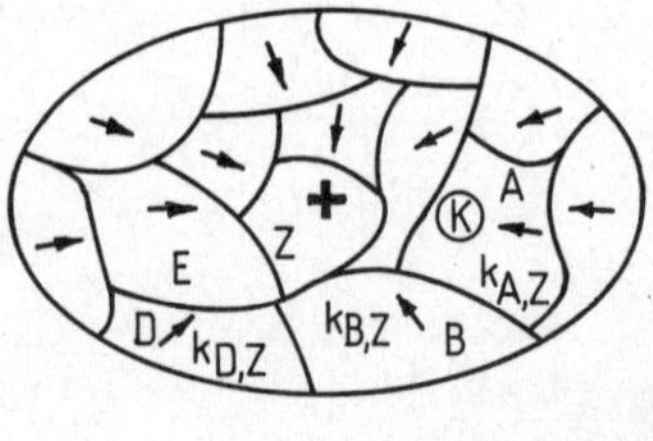

$$f_{P,G} = \frac{Va\,(G)}{e_{P,G}}$$

Diese Kraft stellt die Stärke einer motivationalen Tendenz dar. Sie wächst mit der Valenz der Zielregion und nimmt mit größer werdender Entfernung zwischen Person und Zielregion ab. Wenn man nun einmal annimmt, daß die Anzahl zu durchlaufender Umweltbereiche Auskunft über die »Widerständigkeit« der Umwelt gibt, d. h. zum Ausdruck bringt, wie schwierig es unter gegebenen Umständen ist, ein angestrebtes Ziel zu erreichen, so wird man in der Anzahl zu durchlaufender Umweltbereiche eine Entsprechung zum Erwartungsbegriff sehen dürfen (Heckhausen, 1980, S. 186).

In einer Weiterentwicklung dieses Modells, das speziell im Rahmen leistungsorientierten Verhaltens entwickelt wurde (Festinger, 1942; Lewin, Dembo, Festinger & Sears, 1944), wurde dann später das Konzept der Zieldistanz aufgegeben und durch einen Potenzfaktor (potency) ersetzt, in dem ein direktes Äquivalent zur »subjektiven Erfolgswahrscheinlichkeit« gesehen werden kann. In dieser *Theorie der »resultierenden Valenz«* wird die Wahl von Aufgaben mit unterschiedlicher Schwierigkeit bestimmt, und zwar durch insgesamt vier Variablen: einer positiven Valenz von Erfolg, einer negativen Valenz von Mißerfolg, der subjektiven Wahrscheinlichkeit von Erfolg und der subjektiven Wahrscheinlichkeit von Mißerfolg. Die einzelnen Valenzen werden durch die ihnen jeweils zugeordneten Wahrscheinlichkeiten gewichtet, d. h. multiplikativ mit ihnen verbunden (Festinger, 1942, S. 239–240), wobei die Erfolgs- und Mißerfolgsvalenzen und ihre jeweils zugeordneten subjektiven Wahrscheinlichkeiten in inverser Weise voneinander abhängig sind (Lewin et al., 1944). Es werden hier also zwei Kräfte unterschieden, nämlich eine erfolgsaufsuchende und eine mißerfolgsmeidende, die sich jeweils aus dem Produkt von Valenz und Potenz (Erwartung) ergeben. Die resultierende Stärke der motivationalen Tendenz ergibt sich aus der Differenz dieser beiden Einzelkräfte. Mit diesen Modellvorstellungen war ein erster Schritt in Richtung auf eine Formalisierung der Erwartung-Wert-Theorie getan. Die später im Bereich leistungsorientierten Verhaltens entwickelten Modelle von Atkinson (1957, 1964) knüpfen unmittelbar an die hier dargestellten Überlegungen an und differenzieren sie in einigen Punkten (vgl. Kap. 3.4 und 4.1).

Weitgehend unabhängig* von Lewin hatte Tolman (1932a) im angloamerikanischen Sprachraum eine sehr ähnliche allgemeine Verhaltenstheorie aufgestellt, die allerdings in vielen Punkten mit der damals vorherrschenden Doktrin des mechanistischen Behaviorismus in Widerstreit lag. Sie hatte aus heutiger Sicht beurteilt weniger Einfluß auf das aktuelle Forschungsgeschehen, weil ihre theoretischen Konstrukte sich einer einfachen S-R-theoretischen Fassung entzogen und nach der damaligen Auffassung einen geradezu völlig untolerierbaren kognitiv-erlebnismäßigen Bedeutungsüberschuß aufwiesen.

Der gegenüber Hull völlig andersartige Ansatzpunkt der Theorie Tolmans kommt darin zum Ausdruck, daß er von den angestrebten Zielzuständen eines Organismus ausgeht und eine Verhaltensanalyse unter dem Aspekt betreibt, inwieweit eine bestimmte Verhaltensweise der Erreichung dieses Ziels dienlich ist. Die konkrete Form eines Verhaltens – ob beispielsweise eine Ratte einen Laufgang durchläuft oder durchschwimmt – ist weniger bedeutungsvoll. Wichtiger ist die Frage, inwieweit es zweckdienlich ist. Tolman spricht deshalb von zweck- und zielgerichtetem Verhalten (purposive behavior) und nicht von festen Verhaltensgewohnheiten (habits). Auch das Ziel selber – und hier wird die Nähe zu den Lewinschen Modellbildungen erneut deutlich – soll theoretisch nicht mit physikalischen oder physiologischen Variablen, sondern mit psychologischen, das sind hier kognitiv-erlebnismäßige, beschrieben werden. Auch aus diesem Grunde rückt der Ansatz Tolmans in die Nähe der kontinentaleuropäischen Tradition. W. Köhler hat diesen Ansatz deshalb auch einmal als einen kryptophänomenologischen bezeichnet (zit. in Tolman, 1959, S. 94).

In der Theorie wird nun die Annahme gemacht, daß sich eine Handlungstendenz aus zwei Grundkomponenten aufbaut. Eine geht auf Lernerfahrungen zurück, die andere ist für die Motivation des Handelns zuständig. Lernerfahrungen führen zur Herausbildung einer *Verhaltensbereitschaft* (readiness), die nicht als stabile und starre Verknüpfung von Reiz-Reaktionselementen, sondern als eine kognitive Disposition im Sinne einer Überzeugung (belief) anzusehen ist. Wenn der Organismus nun mit einer neuen Situation konfrontiert wird, wird eine solche Überzeugung

---

* In einem im gleichen Jahr erschienenen Aufsatz setzt sich Tolman (1932b) mit der Lewinschen Theorie auseinander und räumt ein, bei der Formulierung seiner Theorie in nicht unerheblichem Ausmaß von Lewin beeinflußt gewesen zu sein.

aktiviert, die dann mit der konkreten Reizsituation zusammen zur Bildung einer *Zielerwartung* führt.
Die angestrebten Zielzustände werden in Form von Wertvariablen (values) konzipiert, die zunächst dem Anreizkonzept entsprechen. Ihre individuelle Gewichtung (Valenz) erhalten diese Anreize dann durch jeweils spezifische Triebzustände des handelnden Organismus. Dieses entspricht durchaus dem Lewinschen Valenzkonzept (Tolman, 1959).
Motiviertes Handeln kommt nun durch ein Zusammenwirken dieser Einzelvariablen zustande. Der Trieb und das wertbesetzte Handlungsziel bilden die motivationalen Komponenten des Modells, die von Tolman in dem Begriff des *Zielverlangens* zusammengefaßt werden. Die *Überzeugungen* treten in komplexen Systemen – den sog. Überzeugungs-Wert-Matrizen – zusammen mit den wertbesetzten Zielzuständen auf. Sie ermöglichen, daß unter jeweils gegebenen situativen und triebmäßigen Bedingungen eine angemessene Verhaltensweise ausgewählt wird.
Bedeutungsvoll für die Forschung und Theoriebildung war vor allem die Verwendung des Erwartungsbegriffs. An der Art seiner Verwendung knüpften sich heftige Dispute. Es ging hierbei vor allem um die Frage, welchen Status als theoretisches Konstrukt eine solche Erwartungsvariable haben sollte. Ist es möglich, eine Erwartung ausschließlich auf Beobachtbares zurückzuführen, Erwartungen also gewissermaßen nur als Abstraktionen aus empirischen Beobachtungen aufzufassen oder haben Erwartungen einen nicht auf Beobachtbares zu reduzierenden womöglich sogar kognitiven – erlebnismäßigen – Bedeutungsüberschuß? (vgl. Kap. 1).
Die Tatsache, daß Tolman solche Erwartungen auch in sogenannten *»kognitiven Landkarten«* organisiert sieht, rechtfertigt die Vermutung, daß das von ihm benutzte Erwartungskonzept einen gewissen kognitiv-erlebnismäßigen Bedeutungsüberschuß in sich trägt.
Die Nützlichkeit eines solchen theoretischen Erklärungsbegriffs läßt sich leicht an Experimenten erläutern, die mit einem Versuchsaufbau, wie er in Abb. 9 dargestellt ist, arbeiteten (etwa: Tolman & Honzik, 1930b). Ein solcher Versuchsaufbau besteht im wesentlichen aus einem verschachtelten Labyrinth, in dem, wie man sehen kann, mehrere Wege zum Ziel führen. Durch Errichten von Barrikaden kann man mehrere Passagen in die Zielkammer bilden. Wenn man nun nahrungsdeprivierte Ratten in eine solche Versuchsanordnung hineinsetzt, lernen sie sehr schnell, den kürzesten Weg in die Zielkammer zu benutzen. Wenn allerdings Barrikaden errichtet werden, zunächst an Punkt A, dann an Punkt B des Laby-

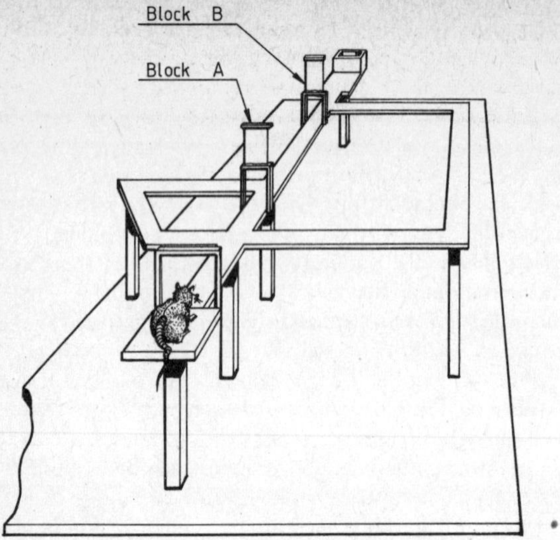

Abb. 9: Versuchsaufbau der Untersuchung von Tolman & Honzik (1930b)

rinths, wählen nahezu alle Versuchstiere fast unmittelbar den nächstkürzeren Weg, also bei Blockierung an Punkt A den kleineren Umweg und bei Blockierung an Punkt B den größeren Umweg. Ein Sachverhalt, der mit Hilfe des von Hull (1931) beschriebenen Mechanismus der »fragmentarischen vorwegnehmenden Zielreaktion« nur sehr schwer zu erklären ist. Ebenso mit Hilfe eines Erwartungsbegriffs, der das Konzept lediglich als eine theoretische Abstraktion aus beobachteten Regelhaftigkeiten des Verhaltens auffaßt. Wenn man jedoch annimmt, daß der Organismus nicht spezifische Reiz-Reaktionsverbindungen sondern Mittel-Ziel-Relationen im Sinne einer kognitiven Landkarte, die mental repräsentiert ist, erlernt hat, kann man den beobachteten Sachverhalt relativ sparsam und elegant zugleich erklären.

3.4 Die kognitionspsychologische Wende. Teil I: Erwartungen

Die theoretischen Formulierungen Hulls und die daraus abgeleiteten experimentalpsychologischen Programme dominierten die Motivationspsychologie für über ein Vierteljahrhundert. Die Doktrin des mechanistisch-behavioristischen Ansatzes, den Prozeß der Erkenntnisgewinnung nur auf objektiv Beobachtbares und Registrierbares zu gründen, führte zu einer selbstverordneten Enthaltsamkeit, die mehr und mehr als unbefriedigend erlebt wurde. Es mehrten sich Befunde die zeigten, daß bestimmte Typen von Verhaltensweisen eben nicht (ausschließlich) von den äußeren beobachtbaren Variablen abhängen, sondern von inneren, höchst subjektiven, erlebnismäßigen Variablen. Eine solche Auffassung ist von der kontinentalen Psychologie (insbesondere von der gestaltpsychologischen Schule) stets vertreten worden (etwa: Köhler, 1933). Erst sehr viel später war der Zeitpunkt gekommen, wo man dieses auch im anglo-amerikanischen Bereich behaupten durfte, ohne Gefahr zu laufen, für frivol und gänzlich unwissenschaftlich angesehen zu werden.

Die reine S-R-Formel des Verhaltens wurde erweitert zu der S-Cognition-R-Formel. Die vorauslaufenden Reizgegebenheiten wurden nicht mehr als die unmittelbaren »Veranlasser« des Verhaltens angesehen, sondern zunächst nur als eine Information für den Organismus. Diese Information wird nun, so war die Annahme, zu einer Interpretation der Reizgegebenheiten ausgearbeitet, von der dann schließlich das Verhalten abhängt. Diese Interpretation von Reizereignissen kann bewußt aber durchaus auch nicht bewußt sein.

Wie man sich leicht vorstellen kann, können nicht alle diese Interpretationen unserer Umwelt gleichzeitig bewußt sein, wir würden dadurch völlig überfordert sein. Es muß also eine Auswahl getroffen werden. Jene Informationen, die der Organismus gerade benötigt, um effizient handeln oder ein bestimmtes Problem lösen zu können, werden oft unter Aufmerksamkeitszuwendung bewußt, um danach wieder aus dem Bewußtsein abzutreten. Unter motivationspsychologischer Perspektive ist insbesondere ein Ansatz von Marcel (1983) zu beachten. Er meint, daß solche bewußten Inhalte eine große Menge von Einzelinformationen in summarischer Weise zusammenfassen und damit dem Organismus umfassend aber auf dem funktional nützlichsten Niveau die Information geben, die er für eine effiziente Handlungsausführung benötigt. Dies gilt vor allem für solche Handlungen, die noch nicht völlig in Routine übergegangen sind. Bei Handlungen, deren Ausführung eingeübt ist, können bewußte Prozesse fehlen. Falls sie dennoch auftreten, können sie den glatten Ablauf einer Handlung sogar beeinträchtigen (Mandler, 1984).

Es ist also die subjektive Bedeutung, die man einer Reizgegebenheit unterlegt und nicht (ausschließlich) das Reizergebnis selbst, das das Verhalten beeinflußt, wie der mechanistisch-behavioristische Ansatz annahm. Durch diese zunächst nur methodisch bedingte Einseitigkeit verkehrte sich denn ironischerweise das basale Postulat des mechanistisch-behavioristischen Ansatzes, wonach man in möglichst unvoreingenommener Weise Daten sammeln wollte, in sein genaues Gegenteil: Eine ganze Klasse von Verhaltensdeterminanten wurde systematisch von der Analyse ausgeschlossen (Bolles, 1974).

Die Verwendung des Begriffs »Kognition« ist in der Psychologie und speziell in der Motivationspsychologie allerdings nicht einheitlich. Man verwendet den Kognitionsbegriff zunächst in dem oben bereits angesprochenen informationstheoretischen Zusammenhang und meint damit lediglich eine im Organismus vorhandene *Information*, die ein äußeres Reizereignis oder einen inneren Zustand betreffen kann. Solche Kognitionen beziehen sich auf alles »Wissen« um uns selbst und die Welt. In neueren Modellbildungen geht man nun davon aus, daß bereits in einem frühen Stadium der Informationsverarbeitung dieses Wissen mit einer *wertenden Stellungnahme* durch den Organismus versehen wird. Informationen werden also um den Aspekt ihrer subjektiven Bedeutung angereichert. Für diese Anreicherung der bloßen Information um einen Wertaspekt sind emotionale Faktoren verantwortlich. Wir haben es also im Prozeß der Informationsverarbeitung mit einem Zusammenspiel »kognitiver« und »emotionaler« Prozesse zu tun. Das Ergebnis solcher Interaktionsprozesse sind nun Meinungen, Überzeugungen, Werthaltungen usw., die auch jederzeit ins Bewußtsein treten können. Es hat sich eingebürgert, auch diese Sachverhalte mit dem Begriff »Kognition« zu belegen. Da sie häufig Dinge betreffen, die sich auf den Umgang der Person mit seiner sozialen Umwelt beziehen, werden sie auch gerne als *»soziale Kognitionen«* bezeichnet. Sie sind in neueren kognitiven Modellen auch Gegenstand der Motivationspsychologie geworden (vgl. Schmalt & Heckhausen, in Vorb.).

Die Motivationspsychologie hat sich deshalb mit diesen Kognitionen beschäftigt, weil der Vorgang der subjektiven Bedeutungsverleihung einen eindeutig motivationspsychologischen Sachverhalt beschreibt. Subjektive Bedeutung gewinnen nämlich diese Kognitionen, wenn sie unter dem Aspekt ihrer Bedeutung für die Handlungs- und Motivziele des Organismus gewichtet werden. Sie sollen nämlich die Ausführung einer intendierten Handlung und schließlich die Zielerreichung sicherstellen. Wir werden in diesem und den nächsten Kapiteln erörtern, wie sie das bewerkstelligen.

Man hat sich in diesem Zusammenhang insbesondere mit solchen kognitiven Größen beschäftigt wie Ursachenzuschreibungen, Erwartungen, selbstbezogene Kognitionen, Intentionen und schließlich auch den Anreizen, die bereits in das Gebiet der Emotion hineinreichen. Diese Anreize, die in vielen Motivationstheorien als antizipierte Affekte konzipiert sind, stellen einerseits einen rein wissensmäßigen Sachverhalt dar – sind also Kognitionen – und stellen andererseits aber auch einen Bewertungsvorgang dar und sind deshalb den emotionalen Prozessen zuzuordnen.

In unserem Erleben sind häufig »kognitive« und »emotionale« Anteile untrennbar miteinander verbunden. Dies hat einige Autoren dazu bewogen, die Unterscheidung von »Kognition« und »Emotion« gänzlich aufzugeben und nur noch von Kognitionen zu sprechen bzw. Emotionen auf Kognitionen zurückzuführen. Eine zweifellos nicht sehr glückliche Entwicklung, gibt es doch eine ganze Reihe von grundsätzlichen Unterschieden zwischen beiden, die eine solche Zusammenlegung verbieten: Kognitionen beziehen sich auf ein Wissen um uns selbst und die Welt, das – in gewissen Grenzen – erweiterbar und reduzierbar, im Denken manipulierbar und umformbar ist. Emotionen beziehen sich auf bewertende Aspekte dieses Geschehens und sind selbst nicht in dem Maße beeinflußbar wie die Kognitionen. Sie weisen, wie bereits gesagt, enge Beziehungen zu den Motivzielen auf. Darüber hinaus sind Emotionen, im Gegensatz zu den Kognitionen, an körperliche Prozesse gebunden, darunter auch an solche peripherer Art, wie etwa bestimmte physiologische Veränderungen (etwa: Durchblutung der Haut, Schwitzen etc.) und vor allem an die Ausdruckserscheinungen in der Gestik, Mimik und der Sprache (vgl. Schneider, in Vorb.).

Kognitionen sind nun in unterschiedlichem Ausmaß in der Lage, Verhalten auszurichten und auf Zielkurs zu halten, »motivieren« können sie aus sich selbst heraus jedoch nicht. Erwartungen beispielsweise oder Ursachenzuschreibungen bilden zwar bestimmte Aspekte einer Person-Umwelt-Beziehung ab, und um diese zu »wissen« ist für den handelnden Organismus sehr wichtig, aber »Impulse« können sie dem Verhalten *unmittelbar* nicht verleihen.

Wie wir bei den Formulierungen Lewins und Tolmans bereits gesehen haben (Kap. 3.3), sind es vor allem Vorstellungen, die die Valenz (den Wert) des Ziels betreffen, die für die Entstehung einer motivationalen Tendenz verantwortlich sind. Dies ist ein Sachverhalt, der mit den Motivzielen und Emotionen in Zusammenhang steht. Bei der Entstehung einer Handlungstendenz wurde jedoch auch die Schwierigkeit berücksichtigt, das Ziel zu erreichen, was in der theoretischen Darstellung beispielsweise durch Erwartungen geschehen kann. Mit den Erwartungen und den Valenzen sind denn auch die zwei wesentlichen Einflußgrößen beschrieben, die für die Rekonstruktion von Motivation mit Hilfe des Erwartung-Wert-Grundgedankens benötigt werden. Viele der zeitgenössischen Modellvorstellungen über motiviertes Verhalten haben diesen Grundgedanken aufgegriffen und ihn in verschiedener Weise verfeinert und ergänzt und für die Erklärung jeweils spezifischer Formen des Verhaltens präzisiert.

Atkinson (1957, 1964) ist der wohl einflußreichste Forscher in diesem Zusammenhang. Er hat auf dem Erwartung-Wert-Grundgedanken aufbauend eine Theorie entworfen, die zunächst für leistungsorientiertes Verhalten ausformuliert wurde. Diese Theorie hatte für viele experimentelle Arbeiten in der Nachfolgezeit eine richtungsweisende Funktion, und sie hat auch in viele Anwendungsfelder hineingewirkt. Von großer Bedeutung war zunächst, daß Atkinson das Valenzkonzept zerlegte und beiden Teilkomponenten, dem *Motiv* und dem *Anreiz*, eine eigene systematische Rolle in seiner Theorie zuwies. Hiermit griff er eine Überlegung Lewins auf, der ja der Ansicht war, daß sich die Valenz aus der Bedürfnisspannung (einem Personfaktor) und der Attraktivität des Zielobjekts (einem Situationsfaktor) zusammensetzt. Darüber hinaus wurden *zwei motivationale Teilsysteme* berücksichtigt, die die Verhältnisse für eine positiv und eine negativ valenzierte Zielregion getrennt wiedergeben sollen. Eine solche Konstruktion ergab sich aufgrund der Überlegung, daß die angestrebten Zielzustände erreicht (eine positive Valenz) oder verfehlt (eine negative Valenz) werden können. Im Falle leistungsorientierten Verhaltens ist dieses ganz offenkundig. Leistungsverhalten kann entweder mit einem Erfolg oder einem Mißerfolg enden.

Es werden also Motive und Anreize getrennt für Erfolg und Mißerfolg in Rechnung gestellt. Man spricht von einem Erfolgsmotiv (M_e) und einem Mißerfolgsmotiv (M_m) sowie den Anreizen von Erfolg (A_e) und Mißerfolg (A_m). Die Anreize bestehen aus antizipierten Affekten, nämlich Stolz und Scham bei Erreichen oder Verfehlen eines Leistungsziels. Diese Anreize werden in der Theorie Atkinsons abhängig gemacht von der Erwartungsvariablen, das ist hier die subjektive Erfolgswahrscheinlichkeit (W_e). Der Erfolgsanreiz ist linear invers von der Erfolgswahrscheinlichkeit abhängig ($A_e = 1 - W_e$), der Mißerfolgsanreiz ist linear negativ von der Erfolgswahrscheinlichkeit abhängig ($A_m = -W_e$). Eine solche theoretische Festlegung ist leicht nachvollziehbar: ein Erfolg wird um so attraktiver, je schwieriger die Aufgabe ist, ein Mißerfolg ist um so bedrohlicher, je leichter die Aufgabe ist.

In dem Modell entstehen durch die Zusammenfassung der jeweils auf Erfolg oder Mißerfolg bezogenen Variablen zwei Motivationstendenzen, eine erfolgsaufsuchende und eine mißerfolgsmeidende, die sich jeweils durch eine Multiplikation von Motiv, Anreiz und Erwartung ergeben. Sämtliche Variablen fügen sich in folgender Form zu einer *»Resultierenden Tendenz«* (RT) zusammen:

$$RT = (M_e \times A_e \times W_e) - (M_m \times A_m \times W_m).$$

Diese Resultierende Tendenz beschreibt die Stärke einer motivationalen Tendenz; es ist die Kraft, die das Verhalten initiiert und aufrechterhält. Wie zu ersehen ist, werden zur Bestimmung der Resultierenden Tendenz die beiden Einzelkomponenten subtrahiert. Diese mathematische Operation bedeutet motivationspsychologisch, daß den beiden Teilkomponenten jeweils eine eigene Kraft zugeordnet wird, die den Organismus jedoch in unterschiedliche Richtungen zu lenken versucht. Die aufsuchende Tendenz beschreibt die Stärke einer motivationalen Tendenz, die den Organismus auf ein Leistungsziel hin ausrichtet, die meidende Tendenz versucht ihn davon abzuhalten. Da nun in einer Leistungssituation stets beide Tendenzen angeregt werden, muß jeweils die auf das Ziel hingerichtete Kraft um den Betrag der hemmenden, meidenden Tendenz reduziert werden. Die gesamte Tendenz verringert sich also jeweils um den Betrag der meidenden Motivierungskomponente. Wenn diese nun rein numerisch größer wird als die aufsuchende Motivierungskomponente, wird RT negativ, d. h. eine entsprechende Handlung unterbleibt.

In Tab. 2 haben wir einmal für die verschiedenen Einzelfaktoren

Tab. 2: Stärke der Resultierenden Tendenz für eine erfolgsmotivierte Person ($M_e > M_m$) (oberer Teil) und für eine mißerfolgsmotivierte Person ($M_e < M_m$) (unterer Teil)

Aufgabe	aufsuchende Motivierung $M_e \times W_e \times A_e$ = Produkt	meidende Motivierung $M_m \times W_m \times A_m$ = Produkt	Resultierende Tendenz
A	2 .10 .90 = .18	1 .90 –.10 = –.09	.09
B	2 .30 .70 = .42	1 .70 –.30 = –.21	.21
C	2 .50 .50 = .50	1 .50 –.50 = –.25	.25
D	2 .70 .30 = .42	1 .30 –.70 = –.21	.21
E	2 .90 .10 = .18	1 .10 –.90 = –.09	.09
A	1 .10 .90 = .09	2 .90 –.10 = –.18	–.09
B	1 .30 .70 = .21	2 .70 –.30 = –.42	–.21
C	1 .50 .50 = .25	2 .50 –.50 = –.50	–.25
D	1 .70 .30 = .21	2 .30 –.70 = –.42	–.21
E	1 .90 .10 = .09	2 .10 –.90 = –.18	–.09

fiktive Werte eingesetzt und die in der Formel genannten Rechenoperationen durchgeführt. Tab. 2 gibt RT wieder für fünf verschiedene Aufgabenschwierigkeitsstufen und für zwei mögliche Motivkonstellationen: für den Fall einer erfolgsmotivierten Person ($M_e > M_m$) und für den Fall einer mißerfolgsmotivierten Person ($M_e < M_m$). Wie man aus dem angegebenen Rechenbeispiel ersehen kann, ergeben sich aus dem Modell einige wichtige motivationspsychologische Ableitungen.

- Die Richtung der Motivation – ob aufsuchend oder meidend – ist ausschließlich vom Stärkeverhältnis der Motive untereinander abhängig. Ist das Erfolgsmotiv stärker als das Mißerfolgsmotiv, wird RT positiv, im umgekehrten Fall wird RT negativ.
- Die Stärke der einzelnen Motivationstendenzen variiert mit der subjektiven Erfolgswahrscheinlichkeit. Beide Motivationstendenzen erreichen ihren jeweils absolut höchsten Wert bei einer subjektiven Erfolgswahrscheinlichkeit von $W_e = .50$. (Dies liegt daran, daß bei der Annahme, daß $A_e = 1 - W_e$ und $A_m = -W_e$ das Produkt aus Anreiz und subjektiver Wahrscheinlichkeit bei $W_e = .50$ den höchsten aller möglichen Werte annehmen kann.)
- Es folgt, daß die Unterschiede zwischen den Motivgruppen bei einer W_e von .50 maximal sind, während sie sich bei geringer und größer werdenden subjektiven Erfolgswahrscheinlichkeiten zunehmend verringern.

Wie bereits erwähnt, hat dieses Modell eine Vielzahl von empirischen Arbeiten im Bereich der Leistungsmotivation angeregt (vgl. Kap. 4.1). Es hat aber auch theoretische Bemühungen angeregt, in denen versucht wurde, diesen Grundgedanken für die Erklärung des Verhaltens in anderen thematischen Bereichen (z. B. Macht, Anschluß) fruchtbar zu machen oder auf ihm aufbauend Handlungstheorien mit ganz universellem Gültigkeitsanspruch zu entwickeln (etwa: Heckhausen, 1977; Schmalt, 1984).

Eine Erwartung bezieht sich auf die Eintretenswahrscheinlichkeit eines Ereignisses in Abhängigkeit von bestimmten vorauslaufenden Bedingungen. Die kognitionspsychologische Ansicht besteht nun darin, in diesen Erwartungen die *erlebnismäßigen* Repräsentanten solcher Kontingenzen zu sehen. Die von Atkinson (1964) betriebene Art der Modellbildung macht etwa eine solche Annahme, weil hier direkt von den *subjektiven* (d. h. erlebnismäßigen) Erfolgswahrscheinlichkeiten gesprochen wird. Wie wir aus vielen Untersuchungen allerdings wissen, ist die Genauigkeit, mit der diese Kontingenzen wahrgenommen werden, häufig sehr dürftig. Menschen wenden bei der Bildung von Erwartungen häufig nur grobe Regeln an oder lassen sich durch bereits bestehende Meinungen und Überzeugungen von einer genauen Erwartungsschätzung in einer konkreten Situation ablenken (Fischoff, Goitein & Shapiro, 1982; Alloy & Tabachnik, 1984). Es gibt allerdings auch große Unterschiede zwischen Personen in der Fähigkeit und Bereitschaft, genaue Erwartungsschätzungen vorzunehmen. So ist beispielsweise belegt, daß depressive Personen in vielen Fällen zu präziseren und realistischeren Erwartungsschätzungen kommen als »normale« Personen (vgl. Kap. 4.3).

Die von Atkinson (1964) betriebene Art der Modellbildung verfolgte in konsequenter Weise den Ausbau der durch Lewin, Tolman und McClelland begründeten Tradition. Insbesondere durch die Aufnahme des Erwartungskonzepts in der Form von subjektiven Erfolgswahrscheinlichkeiten gab er der weiteren Entwicklung einige richtungsweisende Impulse, die schließlich zur Formulierung sehr komplexer kognitiver Theoriesysteme führten. Die in der Tradition triebtheoretischer Modellbildungen (vgl. Kap. 2.4) stehenden Konzeptionen hatten es da erheblich schwerer, in ihren Modellbildungen auch kognitive Variablen einzubeziehen. Zwei Dinge waren es, die auch hier eine Neuorientierung einleiteten.

Erstens wurde deutlich, daß es für die Annahme, daß der Anreizmechanismus auf innerorganismischen Vermittlungsprozessen beruht, keine empirische Stützung gibt und daß zweitens auch eine durch Triebreduktion zustande gekommene Gewohnheitsbildung in der Form einer S-R-Verbindung (Assoziation) eine empirisch nicht zu haltende theoretische Konstruktion war. Bolles (1972) war der erste, der diese Beobachtungen konsequent in eine theoretische Neukonzeption umsetzte. Er nahm an, daß durch Lernvorgänge nicht S-R-Verbindungen aufgebaut oder abgeschwächt werden, sondern daß Erwartungen herausgebildet werden. Er unterscheidet hierbei zwei Typen von Erwartungen, nämlich zum einen solche, die sich beziehen auf den Zusammenhang zwischen eigenen Handlungen und sich daraus ergebenden Handlungs-Ergebnissen (also eine *Handlungs-Ergebnis-Erwartung*) und zum anderen solche Erwartungen, die sich beziehen auf den Zusammenhang zwischen bestimmten Merkmalen einer Situation und daraus sich ergebenden Ereignissen (also eine *Situations-Ergebnis-Erwartung*). Gemeint sind hier solche Zusammenhänge, bei denen sich die Situation so verändert, daß hierdurch bestimmte Ergebnisse herbeigeführt werden, und zwar ohne eigenes Zutun.

Auf eine motivationspsychologisch wichtige weitere Erwartungsvariable hat interessanterweise die Arbeitspsychologie aufmerksam gemacht (Vroom, 1964). Sie berücksichtigt die Tatsache, daß bei vielen Gelegenheiten das Erreichen eines bestimmten Handlungsergebnisses nicht das eigentlich letzte Handlungsziel darstellt, sondern daß es die daran sich angliedernden Folgen sind, die das eigentliche Handlungsziel ausmachen. Ein bestimmtes Handlungsergebnis, z. B. eine gute Note in einer Klassenarbeit, kann, wie man sagt, instrumentell sein für die Erreichung ganz unterschiedlicher Folgen, etwa von den Eltern keine Vorhaltungen gemacht zu bekommen, eine gute Zeugnisnote sicherzustellen oder schlicht und einfach Stolz zu sein über die eigene Leistung. Ein und dieselbe Handlung mit dem entsprechenden Handlungsergebnis kann also unternommen werden, um ganz unterschiedliche Ziele zu erreichen, kann also unterschiedlich »motiviert« sein.

Die Berücksichtigung solcher *Ergebnis-Folge-Erwartungen* (sog. Instrumentalitäten) macht auf den wichtigen Sachverhalt aufmerksam, daß die motivationspsychologische Analyse von Handlungen nicht bei der ausschließlichen Betrachtung einzelner Handlungsschritte haltmachen darf. Sie muß vielmehr auch die Folgenstruktur einzelner Handlungsschritte berücksichtigen (vgl. Abb. 10). Was in jeweils einer Handlung als Ergebnis und was als Folge zu gelten hat, liegt allerdings nicht ein für allemal fest, sondern ändert sich je nach Analyseebene.

Heckhausen (1977) hat auf dem Gedanken der Verschachtelung einzelner Handlungsschritte mit entsprechenden Ergebnissen und Folgen aufgebaut und ein allgemeines Motivationsmodell entwikkelt, das von zwei Grundtypen von Variablen ausgeht, nämlich Wertvariablen und Erwartungsvariablen. Das Modell geht von einer vierfach gegliederten Analyseeinheit aus, in der Situation,

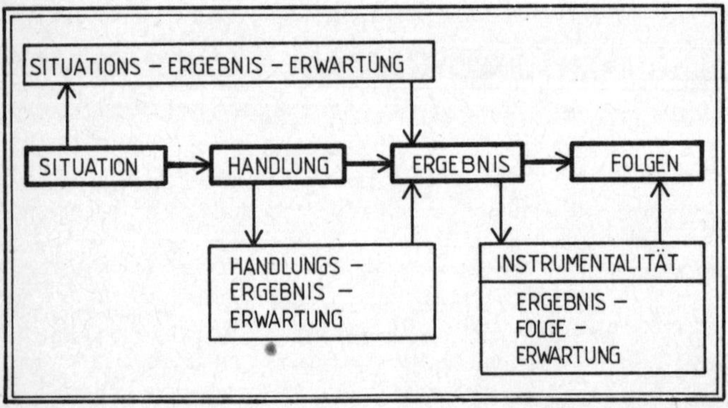

Abb. 10: Schema eines Handlungsprozesses mit den einzelnen Stadien und den verschiedenen Erwartungstypen (nach Heckhausen, 1977)

Handlung, Ergebnis und Folgen unterschieden werden (vgl. Abb. 10). Die einzelnen Elemente werden jeweils durch die bereits näher beschriebenen Erwartungen zusammengehalten. Der unmittelbarste Ausdruck von Motivation ist in diesem Modell die *Handlungsvalenz*. Die Handlungsvalenz ist zu verstehen als eine *motivationale Tendenz*, die angibt, inwieweit man durch eigenes Handeln das Eintreffen wertbesetzter Folgen herbeiführen kann. Handlungsvalenzen können erklären, welche Handlungsalternative gewählt wird und mit welcher Intensität und Ausdauer eine Handlung ausgeführt wird. Der Verschachtelungsgedanke kommt insbesondere auch bei den Annahmen über das Zusammenwirken einzelner Variablen bei der Determination der Handlungsvalenz zum Ausdruck. Die Anreize von Handlungsergebnissen machen zusammen mit den Instrumentalitäten dieses Ergebnisses für wertbesetzte Folgen die *Ergebnisvalenz* aus. Diese gibt die *Erwünschtheit* von bestimmten Handlungsergebnissen wieder. Die Handlungsvalenz als eine motivationale Tendenz setzt sich nun zusammen aus eben dieser Ergebnisvalenz und der *Erreichenswahrscheinlichkeit* für dieses Ergebnis. Es ist also so, daß in diesem Modell das Wünschbare durch den Grad der Erreichbarkeit gewichtet wird. Wir finden also auch in diesem elaborierten Modell Motivation konzipiert als ein Zusammenwirken von Wert- und Erwartungsvariablen.

3.5 Die kognitionspsychologische Wende. Teil II: Ursachenzuschreibungen

Eine möglichst genaue Erfassung von Kontingenzen, also von Zusammenhängen zwischen verschiedenen Ereignissen und zwischen den eigenen Handlungen und bestimmten Effekten bildet die Grundlage dafür, daß wir uns in einer komplexen Welt orientieren und mehr oder weniger effizient mit ihr umgehen können. Das ist allerdings nicht alles. Wir begnügen uns in aller Regel nicht damit, nur gewisse Zusammenhänge zu registrieren, sondern wir wollen sie auch auf bestimmte Ursachen zurückführen. Erst wenn wir in diesen Zusammenhängen Regelhaftigkeiten im Sinne von Ursache-Wirkung-Beziehungen erkannt haben, ist unser naives Erkenntnisinteresse befriedigt. Erst die Identifikation von Ursachen für bestimmte Effekte macht zukünftige Ereignisse auch unter wechselnden Bedingungen vorhersehbar und unter bestimmten Umständen auch beeinflußbar und kontrollierbar. Eine solche Tendenz, Ordnung in die uns umgebenden Ereignisse zu bringen und darin Kausalstrukturen herzustellen, ist so allgemein, daß dahinter ein ganz

Tab. 3: Klassifikation und vorauslaufende Bedingungen wahrgenommener Ursachenfaktoren für Verhalten (nach Heider, 1958)

Ursache	Klassifikation	vorauslaufende Bedingungen
Schwierigkeit	Stabiler Faktor der Situation	Hohe Übereinstimmung mit Resultaten oder Verhalten anderer Personen
Fähigkeit	Stabiler Faktor der Person	Niedrige Übereinstimmuing mit Resultaten oder Verhalten anderer Personen
Anstrengung	Variabler Faktor der Person, kontrollierbar	Anstrengung = Schwierigkeit/Fähigkeit
Zufall	Variabler Faktor der Situation	Variabilität von Resultaten; geringe Übereinstimmung eines Resultats mit vorauslaufenden Resultaten

zentrales Bedürfnis des Menschen und wahrscheinlich auch höher organisierter Lebewesen generell vermutet wird (Heider, 1958; Kelley, 1967). Die Attributionstheorie hat sich mit solchen Ursachenzuschreibungen beschäftigt und sie hinsichtlich ihrer Entstehungsbedingungen analysiert und klassifiziert.
Die wichtigsten Unterscheidungen und theoretischen Klärungen hat bereits Heider (1958) vorgenommen (vgl. Tab. 3). Er geht davon aus, daß Handlungsergebnisse grundsätzlich gesehen von zwei Faktorengruppen abhängig gemacht werden können: von Faktoren der Person und Faktoren der Situation. Der Einfluß der Personfaktoren bezieht sich auf zwei Größen, nämlich auf Fähigkeit und Motivation. Fähigkeit ist ein dispositioneller Faktor und damit von hoher zeitlicher Stabilität. Motivation ist zeitlich variabel und umfaßt zwei verschiedene Komponenten. Zum einen das, *was* eine Person sich zu tun vornimmt (Intention) und zweitens, *wie stark* sie sich dabei anstrengt (Anstrengung). In ganz ähnlicher Weise werden auch auf der Situationsseite stabile (Schwierigkeit) und variable Faktoren (Zufall) unterschieden.
Die systematische Analyse der *Entstehungsbedingungen für die verschiedenen Attribuierungen* geht vor allem auf Kelley (1967) zurück. Er beschreibt verschiedene Informationsmuster im Sinne von vorauslaufenden Bedingungen, die eine Attribuierung auf Person- oder Situationsfaktoren entstehen lassen. Kelley (1967) nimmt an, daß die Informationen, die einer Person vorliegen, über drei Dimensionen variieren können, nämlich 1. über *Entitäten,* das sind bestimmte situative Umstände (Distinktheitsinformation), 2. über *Personen* (Konsensusinformation) und 3. über verschiedene *Zeit-*

punkte (Konsistenzinformation). Die grundlegende Annahme dieses Modells besagt nun, daß ein Handlungsergebnis auf diejenige Ursache zurückgeführt wird, mit der es über verschiedene Zeitpunkte hinweg kovariiert. Dieses Prinzip wird deshalb auch als das *»Kovariationsprinzip«* bezeichnet.

Die für eine schnelle Orientierung wohl notwendigste Information ist die, ob ein Handlungsergebnis auf die handelnde Person zurückzuführen ist oder ob situative Umstände dafür verantwortlich sind; ob ein Handlungsergebnis also internale oder externale Ursachen hat. Spontan auftretende Gedanken scheinen auch vordringlich mit der Beantwortung dieser Frage beschäftigt zu sein (Lau, 1984). Kelley (1967; Orvis, Cunningham & Kelley, 1975) hat aufgrund der großen Bedeutung dieser Unterscheidung Informationsmuster beschrieben, die zwingend zu einer Person- oder Situationsattribuierung führen sollen.

Danach wird ein Ereignis auf eine Person zurückgeführt, wenn dieses ausschließlich im Zusammenhang mit dieser einen Person auftritt (niedriger Konsensus) und dieses immer wieder (hohe Konsistenz) und auch im Zusammenhang mit ganz unterschiedlichen situativen Umständen (niedrige Distinktheit). Wir beobachten beispielsweise einen Jungen, der auf dem Schulhof einen Mitschüler schlägt, während alle anderen Kinder friedlich sind. Wir können das an mehreren Tagen einer Woche und auch bei der Interaktion mit verschiedenen Mitschülern beobachten. Ein solches Informationsmuster wird uns dazu veranlassen, das beobachtete Geschehen mit einer hohen Aggressionsneigung der beobachteten Person zu erklären (vgl. Kap. 1).

Bei Situationsattribuierungen liegt ein ganz anderes Informationsmuster vor. Ein Ereignis wird vornehmlich mit situativen Ursachen erklärt, wenn es bei vielen Personen (hoher Konsensus) unter jeweils ganz spezifischen Bedingungen (hohe Distinktheit) und immer wieder (hohe Konsistenz) zu beobachten ist.

Die empirische Überprüfung dieser Annahmen hat zu ganz unterschiedlichen Resultaten geführt. Wenn man Versuchspersonen mit bereits stark zusammengefaßter Information versorgt (etwa: Peter hat Angst vor dem Hund. / Fast jeder, der den Hund sieht, hat Angst vor ihm [hoher Konsensus]. / Peter hat vor keinem anderen Hund Angst [hohe Distinktheit]. / Auch in der zurückliegenden Zeit hat Peter immer Angst vor diesem Hund gehabt [hohe Konsistenz].), findet man eine recht gute Unterstützung für die Annahmen Kelleys (etwa: McArthur, 1972) mit der Einschränkung, daß insbesondere Veränderungen in der Konsensus-Information Attribuierungen weniger stark beeinflussen als angenommen.

Wenn man allerdings, was eher angemessen erscheint, die Versuchspersonen nicht mit bereits hoch generalisierten Informationen versorgt, sondern ihnen Informationen über einzelne Verhaltensepisoden anbietet und ihnen dazu noch freistellt, ob sie die Information überhaupt aufnehmen wollen oder nicht, so ändert sich das Bild doch sehr. Hier zeigt sich, daß der Mensch häufig ganz anders als ein rationaler und zuverlässiger Informationsverarbeiter gesehen werden muß. Er übergeht viele Informationen, vernachlässigt sie oder nimmt sie erst gar nicht zur Kenntnis. Er verläßt sich häufig auf bruchstückhafte Informationen, obwohl die Möglichkeit zur weiteren Informationsaufnahme besteht, oder biegt gar die aufgenommene Information im Sinne bereits bestehender Meinungen und Überzeugungen um (etwa: Hansen, 1980; Major, 1980).

Ein anderes, in diesem Zusammenhang häufig untersuchtes Phänomen sind Attribuierungen für positive und negative Ereignisse, im besonderen auch Attribuierungen für Erfolg und Mißerfolg, die im Zusammenhang mit der eigenen Person stehen. Man sollte erwarten, daß bei jeweils identischem Informationsstand in bezug auf einen Erfolg oder Mißerfolg auch die Erklärung mit internalen oder externalen Ursachenfaktoren ausgeglichen ist; vorausgesetzt, der Mensch verhält sich »rational« bei der Erklärung eigener Erfolge und Mißerfolge. Eine Vielzahl von Untersuchungen zeigte jedoch, daß ein Erfolg vergleichsweise eher mit Ursachenfaktoren der eigenen Person (z. B. hohe Begabung), ein Mißerfolg eher mit Ursachenfaktoren der Situation (z. B. widrige Umstände) erklärt wird. Dieser durchgängig zu beobachtende Sachverhalt ist mit einer ganzen Reihe von theoretischen Erklärungsansätzen in Verbindung gebracht worden, die jedoch alle darin übereinstimmen, in diesen Attribuierungsasymmetrien einen *motivierten Attribuierungsfehler* zu sehen, der es der attribuierenden Person gestattet, das *Selbstwertgefühl* von Beeinträchtigungen möglichst unberührt zu lassen und damit auch eine vergleichsweise positive Affektlage beibehalten zu können.

Allerdings ist eine solche hedonistische Verzerrung des Attributionsvorganges mit dem rationalen Menschenbild, das der Attributionstheorie von ihren Begründern unterlegt worden war, schwer zu vereinen. Die Attributionstheorie war ja von der Annahme ausgegangen, daß Ursachenzuschreibungen unternommen würden, um die Orientierung in einer komplexen Umwelt zu erleichtern bzw. erst zu ermöglichen. Attribuierungen, die vornehmlich dem eigenen Selbstbild schmeicheln, können schwerlich diese Funktion haben. Wie diese beiden Tendenzen miteinander

ausgesöhnt werden können, ist eine noch unbeantwortete Frage (vgl. Kelley & Michela, 1980).
Vielleicht ist es aber auch sinnvoller, die Frage ganz anders zu stellen und Attribuierungen unter dem Aspekt zu betrachten, inwieweit sie einer Person bei der Erreichung von angestrebten Handlungszielen dienlich sein können, sie also als eine kognitive Aktivität zu verstehen, die eine wichtige Regulationsfunktion bei der Zielverfolgung übernimmt. Es ist dies genau der Punkt, an dem Attribuierungen für die Analyse von Motivationsgeschehen so unentbehrlich geworden sind. In der Tat sind denn auch mit kognitiven Prozessen im Motivierungsgeschehen fast ausnahmslos Attribuierungen gemeint (vgl. Bierhoff & Bierhoff-Alfermann, 1983).
Die ersten wichtigen Impulse für die Entwicklung einer solchen Motivationstheorie gingen vom Gebiete der Leistungsmotivationsforschung aus; sie sind insbesondere mit dem Namen Weiner (1972) verbunden. Er griff einige der Überlegungen Heiders auf und verband sie mit den Erwartung-Wert-Modellvorstellungen der Atkinsonschen Leistungsmotivationstheorie. Zunächst gruppierte er die bereits von Heider benannten Ursachenfaktoren (vgl. Tab. 3) anhand zweier Dimensionen: der Personabhängigkeit (Lokationsdimension) und der zeitlichen Stabilität (Stabilitätsdimension) (vgl. Tab. 4). Das neuartige an der Theorie war nun, daß er die Modellparameter des Erwartung-Wert-Modells mit diesen Ursachendimensionen und einzelnen Ursachenfaktoren in Zusammenhang brachte. So sah er das *Motiv* im wesentlichen als eine Voreingenommenheit für den Gebrauch bestimmter Ursachenfaktoren bei Erfolg und Mißerfolg. Von den Motiven hängt es ab, welche Ursachenfaktoren für die Erklärung von Erfolg und Mißerfolg herangezogen werden. Die Attribuierungen bestimmen ihrerseits *Erwartungen* (Erwartungsänderungen) und die *Anreize*, d.h. die antizipierten Affekte (vgl. Kap. 4.1). Die Stabilitätsdimension soll hierbei Erwartungen bzw. Erwartungsänderungen, die Lokationsdimension hingegen die antizipierten Affekte beeinflussen (s. Abb. 11).

Tab. 4: Klassifikationsschema der wahrgenommenen Ursachen für Verhalten (nach Weiner, 1972)

		Personabhängigkeit	
Stabilität		internal	external
über	stabil	Fähigkeit	Schwierigkeit
Zeit	variabel	Anstrengung	Zufall

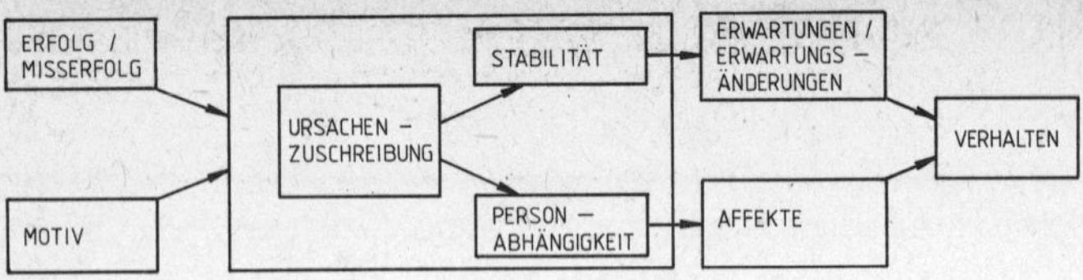

Abb. 11: Ursachenzuschreibungen in einem Prozeßmodell der Handlung

Diese Form der attributionalen Reformulierung der Erwartung-Wert-Theorie hat sich ausschließlich mit Attribuierungen befaßt, die sich auf die *wahrgenommenen Ursachen* von Handlungsergebnissen beziehen. Solche Ursachenerklärungen drängen sich auf, wenn die Frage nach dem »Warum« gestellt wird.

Eine andere Form der Attributionstheorie beschäftigt sich mehr mit den *wahrgenommenen Intentionen* für motiviertes Verhalten. Jones & Davis (1965) beschreiben solche Prozesse der Intentionsattribuierung. Danach nehmen die attributionalen Prozesse ihren Ausgangspunkt von den beobachteten Handlungen und Handlungsergebnissen. Eine Attribution auf eine Intention oder ein »Motiv«, das hinter dem Verhalten gesehen wird, ist immer dann besonders zwingend, wenn durch eine Handlung nur ein einziges Handlungsergebnis herbeigeführt wird, das durch keine andere Handlung hätte herbeigeführt werden können. Wenn das erzielte Handlungsergebnis dann noch von dem abweicht, was in einer Situation üblich ist oder gemeinhin erwartet wird, liegt der Schluß nahe, daß genau dieses Handlungsergebnis intendiert war, daß dem Verhalten also eine entsprechende Intention oder ein »Motiv« zugrunde liegt.

Für beide Formen der Zuschreibung ist der bereits von Heider (1958, vgl. Tab. 3) als Attributionselement beschriebene *Motivationsfaktor* von herausgehobener Bedeutung. Die Anstrengungskomponente hat insbesondere in den leistungs- und kontrollthematischen Motivationstheorien und neuerdings auch in volitionspsychologischen Konzepten Bedeutung erlangt (vgl. Kap. 3.6, 4.1 und 4.3), während die Intentionskomponente im Sinne einer wahrgenommenen Begründung für Verhalten sich als wichtige Steuerungsgröße für soziale Motivationen – etwa bei der Aggressionsforschung – erwiesen hat (vgl. Kap. 4.2).

Wir haben oben bereits die Frage erörtert, in welcher Weise Ursachenzuschreibungen von bestimmten Informationsmustern abhängen. Dieses ist der ursprüngliche Zuständigkeitsbereich der Attributionstheorie. Der Einbau von Ursachen- und Intentionszuschreibungen in Motivationstheorien hat allerdings zu einer Erweite-

rung der Perspektive geführt. Attribuierungen werden nun nicht mehr nur in ihrer Abhängigkeit von bestimmten Informationsmustern untersucht; sie selber gewinnen vielmehr den Status einer unabhängigen Variablen, die nachfolgende Erlebnis- und Verhaltensweisen beeinflußt. Wie wir bereits gesehen haben, war die Annahme die, daß Attribuierungen zunächst Erwartungen und Anreize determinieren und diese dann das Verhalten (vgl. Abb. 11).
Erwartungen und Erwartungsänderungen sollen von der *Stabilität der Attribuierungen* abhängen. Das ist leicht nachvollziehbar. Wenn ein Handlungsergebnis mit stabilen Ursachen erklärt wird, wenn ein Mißerfolg beispielsweise auf mangelnde eigene Begabung oder zu hohe Aufgabenschwierigkeit zurückgeführt wird, so sollte dies zu deutlicheren Änderungen (hier: Senkungen) der Erwartung führen, als wenn ein Mißerfolg mit variablen Ursachenfaktoren (z. B. Pech oder mangelnde Anstrengung) erklärt wird, weil man ja Anstrengung steigern oder glücklichere Umstände erhoffen kann. Deshalb ist es möglich, die Erwartung trotz eines eingetretenen Mißerfolgs auf gleichbleibend hohem Niveau zu halten.
Trotz ihrer Plausibilität fehlt dieser Annahme eine ganz unzweifelhafte empirische Unterstützung. Eine frühe Untersuchung von Meyer (1973) konnte die vermuteten Zusammenhänge angesichts von Mißerfolg belegen, eine Reihe anderer Untersuchungen fand keine theoriekonformen Zusammenhänge zwischen der Stabilität der Attribuierung und nachfolgenden Erwartungsänderungen. Allerdings findet sich häufig ein positiver Zusammenhang zwischen der Begabungsattribuierung und der generellen Höhe der Erwartung (vgl. Heckhausen, Schmalt & Schneider, 1985).
Für die noch uneinheitliche Befundlage könnte verantwortlich sein, daß in den Untersuchungen das Ausmaß der Vorerfahrung mit einer bestimmten Aufgabe nicht kontrolliert wurde. So kann man sich beispielsweise bei einer Aufgabe, die man gut kennt, für begabt halten und einen plötzlichen »unerwarteten« Mißerfolg mit mangelnder Anstrengung erklären. Bei einem solchen Fall hätte man im Grunde *zwei* Attribuierungen vorliegen, nämlich eine generelle, die sich auf die Aufgabe im allgemeinen bezieht und eine spezifische, die sich auf den einen unerwarteten Mißerfolg bezieht. Man würde dann eine Resistenz der Erwartung gegen Veränderung voraussagen aufgrund der generellen Begabungsattribuierung und nicht aufgrund der Anstrengungsattribuierung für einen »aus der Reihe fallenden« Mißerfolg (vgl. Heckhausen, in Vorb.). Schwierige Fragen an die Forschung, die noch längst nicht beantwortet sind. Vielleicht ist es auch angemessener, die Bildung von Erwartungen nicht nur in Abhängigkeit von den Attribuierungen zu betrachten, sondern

auch in Abhängigkeit von den überhaupt zur Verfügung stehenden Informationen (insbesondere Konsistenz- und Konsensus-Informationen) zu analysieren.
Nicht weniger komplex aber insgesamt doch ertragreicher war das Forschungsprogramm, das auf die Erkundung der Zusammenhänge zwischen Attribution und Anreizen (Affekten) gerichtet war. Von allgemeiner Bedeutung sind vor allem jene Ansätze, die sich mit der Frage nach den Zusammenhängen und den Abhängigkeitsverhältnissen zwischen ganz bestimmten Attribuierungen und spezifischen Formen des Affekterlebens beschäftigt haben.
Die ursprüngliche Fassung dieser Theorie war, wie erinnerlich, für den Fall leistungsorientierten Verhaltens spezifiziert worden. Es wurde dort die Hypothese aufgestellt, daß sich die Affekte im Zusammenhang mit Erfolg und Mißerfolg – das dürften vor allem Stolz (pride) und Scham (shame) sein – insbesondere bei einer internalen Erfolgs- oder Mißerfolgsattribution einstellen sollten. Nur wenn man sich für einen Erfolg oder Mißerfolg persönlich verantwortlich fühlt, können die Affekte des Stolzes oder der Scham über die eigene Leistungs(un)tüchtigkeit entstehen. Externale Attribuierungen führen zwar auch zu einer ganzen Reihe von Affekten, die aber keine leistungsthematischen Anreizeigenschaften besitzen. Diese Perspektive ist schließlich erweitert worden in Richtung auf die Analyse eines allgemeineren Zusammenhangs zwischen Ursachenzuschreibungen und dem Emotionserleben. Tab. 5 faßt einige Resultate aus solchen Untersuchungen zusammen, indem sie für die jeweiligen Attribuierungen jene Affekte auflistet, die deutlich und gleichzeitig ausschließlich mit dieser Attribuierung zusammenhängen.
Die in diesem Zusammenhang durchgeführten Untersuchungen haben auch dazu Anlaß gegeben, das Verhältnis von Ursachenzuschreibung und Emotion weiter zu differenzieren. Weiner, Russel & Lerman (1978, 1979) haben das einfache Modell eines von den Attribuierungen zu den Emotionen verlaufenden Einflusses zugunsten eines Drei-Stadien-Modells aufgegeben, in dem die Emotionen zwar auch von Kognitionen abhängig sind, allerdings nicht mehr ausschließlich von den Ursachenzuschreibungen. In dem ersten Stadium werden die Handlungsergebnisse als Erfolge oder Mißerfolge bewertet, was nichtattributional vermittelte Affekte nach sich ziehen soll (etwa: Freude oder Enttäuschung). Erst danach setzen Ursachenanalysen ein, die attributionsabhängige Affekte der bereits beschriebenen Art entstehen lassen sollen. Im dritten Stadium werden dann Attribuierungen unter dem dimensionalen Aspekt gewichtet (z. B. internal – external) und die Frage geklärt, inwieweit

Tab. 5: Attribuierungen und typische Affekte nach Erfolg (oberer Teil) und nach Mißerfolg (unterer Teil) (nach Weiner et al., 1978)

Attribuierung	Affekt
Anstrengung als variabler Faktor	Aktivierung, Erregungszunahme
Anstrengung als stabiler Faktor	Entspannung
Eigene Persönlichkeit	Selbstaufwertung
Anstrengung und Persönlichkeit anderer Personen	Dankbarkeit
Glück	Überraschung
Begabung versus Aufgabenschwierigkeit (-leichtigkeit)	Kompetenz versus Sicherheit
Begabung	Inkompetenz
Anstrengung als stabiler Faktor Anstrengung als variabler Faktor	Schuldgefühle
Persönlichkeit Intrinsische Motivation	Resignation
Anstrengung anderer Personen Motivation und Persönlichkeit anderer Personen	Aggression
Pech	Überraschung

aus einem Handlungsergebnis selbstwertbezogene Konsequenzen zu ziehen sind. Ergeben sich solche Konsequenzen – etwa bei einer Begabungsattribuierung für einen Mißerfolg – entstehen hier im letzten Stadium *Selbstbewertungsaffekte.* Solche Affekte spielen insbesondere bei der Stabilisierung von Motivsystemen eine bedeutende Rolle, wie wir am Beispiel leistungsmotivierten Verhaltens noch sehen werden (vgl. Kap. 4.1).

Allerdings sind die Befunde, auf die sich diese theoretischen Überlegungen stützen, allein mit Hilfe von reinen Befragungsstudien gewonnen, die sich beziehen auf fiktive Situationen. Es wurden also keine experimentellen Situationen geschaffen, in denen die entsprechenden Emotionen tatsächlich erlebt worden wären. Die Gefahr ist deshalb groß, daß hier nur allgemeine begriffliche Zusammenhangsmuster und alltagspsychologische Denkgewohnheiten mitge-

teilt werden, deren Erkundung zwar auch nicht belanglos ist, deren Beitrag für die Erklärung motivierten Handelns dadurch allein jedoch nicht gesichert ist. Bevor Ergebnisse dieser Art nicht durch aufwendigere aber zweifelsfreiere Methoden erhärtet werden können, müssen diese Ergebnisse als vorläufig betrachtet werden (vgl. Meyer, 1983). Schon gar nicht erscheint es gerechtfertigt, wie Weiner (1982) dies neuerdings zu tun versucht, darauf eine »neue Form« der Motivationstheorie aufzubauen.
Modellvorstellungen und theoretische Überlegungen der hier dargestellten Art waren so faszinierend und einflußreich, weil sie sich in einen konzeptuellen Bezugsrahmen fügten, der in den zurückliegenden zwei Jahrzehnten das Verhältnis von »Kognition« und »Emotion« wesentlich bestimmte. Die Arbeit, auf die diese Bewegung zurückgeht, stammt von Schachter & Singer (1962). Sie hat zur Formulierung der sog. *»Zwei-Faktoren-Theorie«* geführt. Danach wird an den Emotionen eine kognitive und eine unspezifische physiologische Erregungskomponente unterschieden. Die Theorie behauptet, daß Emotionen auf diesen Erregungen aufbauen, daß aber für ein konkretes emotionales Erleben dieser Erregungszustand einer kognitiven, ursachenanalytischen Interpretation bedarf. Erst wenn die Ursachen für einen bestimmten Erregungszustand bekannt sind, können spezifische Emotionen erlebt werden.
Obwohl die Ableitung einer solch allgemeinen Emotionstheorie aus dem Experiment sehr umstritten ist (vgl. Tomkins, 1962), hat sich diese Theorie dennoch als sehr langlebig erwiesen. Reisenzein (1983) hat jüngst anhand der verfügbaren empirischen Literatur eine Bewertung der Theorie vorgenommen. Er kommt zu dem Schluß, daß die Beziehung zwischen der physiologischen Erregung und der Emotion sehr viel schwächer ist als von der Theorie angenommen, allerdings kann das Verhältnis zwischen Erregung und Emotionserleben durch Attribuierungen verändert werden. Insgesamt besehen eine zu schmale empirische Basis, um darauf eine allgemeine Emotionstheorie aufzubauen, in der eine Determination der Emotionen durch Kognitionen (hier: Ursachenzuschreibungen) angenommen wird (etwa: Weiner, 1982; Lazarus, 1984). Die Abhängigkeitsverhältnisse sind wohl von sehr viel komplexerer Natur (vgl. Schmalt & Heckhausen, in Vorb.).
In diesem Zusammenhang scheint der uns allen eigentlich vertraute Sachverhalt, daß auch die Emotionen Einfluß auf kognitive Prozesse nehmen können, in Vergessenheit geraten zu sein. Wright & Mischel (1982) haben ihn vor einiger Zeit allerdings wieder aufgegriffen und empirisch erhärtet. Sie haben – etwas vereinfacht dargestellt – bei ihren Versuchspersonen Erfolg und Mißerfolg induziert

und danach eine ganze Reihe von kognitiven Erlebniskomponenten (z. B. Erwartungen, Verursachungserleben) erfaßt. Zuvor haben sie ihre Versuchspersonen jedoch je zur Hälfte in eine freudige bzw. traurige Emotionslage versetzt. Die Ergebnisse dieser Untersuchung stützen deutlich die allgemeine Hypothese, daß Freude ebenso wie Trauer zu einer ganzen Reihe von gravierenden Veränderungen bei den kognitiven Erlebnisgrößen führt.
Einen solchen typischen Befund aus dieser Untersuchung zeigt Abb. 12. Hier wird deutlich, daß Erwartungen, die sich auf ein künftiges Leistungsergebnis beziehen, natürlich von dem zuvor erlebten Erfolg und Mißerfolg abhingen, aber ebenso von den Emotionslagen. Diese Befunde deuten darauf hin, daß Affekte, die mit der Situation »unvereinbar« sind – nämlich ein positiver Affekt bei Mißerfolg und ein negativer Affekt bei Erfolg – zu verzerrten Erwartungsschätzungen führten. Die Erwartung wurde bei Mißerfolg unrealistisch angehoben, bei Erfolg entsprechend unrealistisch gesenkt.

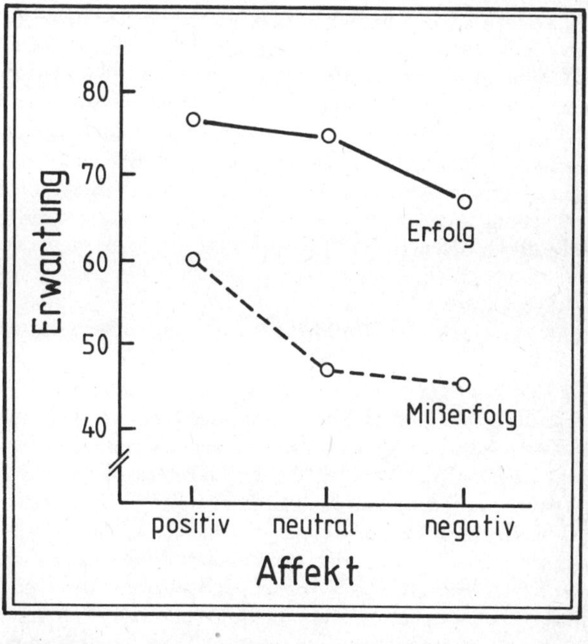

Abb. 12: Mittlere Erwartungen nach Erfolg und Mißerfolg und unterschiedlichen affektiven Ausgangslagen (nach Wright & Mischel, 1982)

Einen Befund von noch größerer theoretischer Tragweite berichtet Bower (Bower & Cohen, 1982). Er konnte zeigen, daß emotionale Prozesse auch die Abspeicherung von Gedächtnismaterial und dessen Wiedererinnerung beeinflussen, also bereits in den Prozeß der Informationsaufnahme und -speicherung eingreifen und damit Kognitionen bereits in Ursprungsnähe beeinflussen, längst bevor sie beispielsweise in der Form irgendeines Attributionserlebnisses bewußt werden (vgl. Kap. 3.4).
Dies führt uns zu einem letzten Problem, nämlich zu der Frage, wann denn Kognitionen wie etwa Ursachenzuschreibungen im bewußten Erleben überhaupt spontan auftreten. Müssen Ursachenzuschreibungen bewußt ablaufen, um verhaltenswirksam zu werden, oder können sie auch unbewußt bleiben oder entziehen sie sich gar einer direkten Beobachtung? Diese Fragen sind grundsätzlich nicht geklärt. Die meisten Forscher in diesem Feld scheinen jedoch der Ansicht, daß es sich bei den Attribuierungen um die allgegenwärtig bewußten Lenker und Begleiter von Motivationsprozessen handelt. Eine Annahme, die viel zu weit reicht (vgl. Heckhausen, in Vorb.). Wenn man einmal nach spontan auftretenden Attribuierungen im Erlebnisstrom fahndet, findet man sie vornehmlich an zwei Stellen: dann, wenn unerwartete Ereignisse eine mögliche Zielerreichung gefährden und wenn eine Handlung mit einem Fehlschlag endet (Weiner, 1985). An beiden Stellen ist das spontane Auftreten von Attribuierungen für die Zielerreichung funktional. Wenn es in einer motivierten Handlung zu Zielabweichungen oder zur Gefährdung der Zielerreichung kommt, müssen besondere Anstrengungen unternommen werden, um eine Zielerreichung dennoch sicherzustellen. Hierfür ist es zunächst wichtig, die Ursachen für die Störung zu finden.

3.6 Die wiederentdeckte Volition

Die in den Kapiteln 2 und 3 dargestellten triebtheoretischen Ansätze und die Modellvorstellungen auf der Basis des Erwartung-Wert-Konzepts sind von einer gemeinsamen Grundüberzeugung ausgegangen, daß sich nämlich aus den einzelnen Modellvariablen eine Tendenz aufbaut – von Hull als Exzitatorisches Potential, von Atkinson als Resultierende Tendenz bezeichnet –, die das Verhalten schließlich »motiviert«, d. h. determiniert. Eine einzige motivationale Kraft bestimmt also Verhalten, und zwar von der Wahl bestimmter Handlungsalternativen bis hin zur Zielerreichung. Für viele Situationen sicherlich eine angemessene Modellvorstellung, wie die vielen positiven Gültigkeitsbelege zeigen.

Was aber, wenn sich in einer Situation eine Motivationstendenz aufgebaut hat, das Verhalten in Gang kommt und plötzlich ein neuer verlockender Anreiz auftritt. Eine neue, möglicherweise stärkere Motivationstendenz baut sich auf, das ursprünglich begonnene Verhalten erlischt augenblicklich und neue Typen von Verhalten setzen sich durch. Es müßte also, wenn man die obengenannten Modellvorstellungen konsequent weiter verfolgt, zu einem sprunghaften hin und her im Verhalten kommen, in dem sich die jeweils stärkste aktuelle Motivationstendenz im Verhalten durchsetzt. So etwas kann vorkommen, aber wir wissen, daß es glücklicherweise nicht die Regel ist. Uns gelingt es häufig, Begonnenes zu Ende zu führen und dieses gegen konkurrierende Handlungstendenzen abzuschirmen.
Oder ein anderes Beispiel: Wir befinden uns bei der Bearbeitung einer Aufgabe und treffen plötzlich auf unvorhergesehene Schwierigkeiten, die eine Steigerung der Anstrengung oder die Bereitschaft, sehr viel länger als ursprünglich geplant bei der Aufgabe zu bleiben, erforderlich machen. Wenn wir dennoch nicht sofort aufgeben, sondern weiter an der Aufgabe arbeiten, so muß das offensichtlich daran liegen, daß die Motivationsvariablen, die das Verhalten determinieren, »nachjustiert« werden, also so verändert werden, daß sie in der Lage sind, das Verhalten unter veränderten Bedingungen weiter aufrechtzuerhalten.
Solche Prozesse der Abschirmung und Nachjustierung von Motivationstendenzen sind weder in den triebtheoretischen noch in den Erwartung-Wert-theoretischen Ansätzen beschrieben worden. Sie waren allerdings, wie wir nach der Lektüre von Kap. 3.1 und 3.2 bereits erahnen werden, schon einmal Gegenstand der Motivationspsychologie und wurden dort als Willensprozesse beschrieben. Dieser Zugang zur Motivation geriet in Vergessenheit und mußte erneut freigelegt werden. Neuere Theorien haben deshalb diesen hier gemeinten Prozessen, die jetzt volitionale Prozesse heißen, einen eigenen Platz eingeräumt.
Generell besehen gehen diese neueren Modellvorstellungen von einem dreigeteilten Zyklus aus. In der ersten Phase ist das Motivationsgeschehen auf eine möglichst realitätsentsprechende Herausarbeitung der Erwartung- und Anreizparameter gerichtet. Aus ihnen entstehen dann im Zusammenhang mit den Motivvariablen motivationale Tendenzen, von denen schließlich eine ausgewählt wird, die Zugang zur Handlung gewinnt. Sie wird zur Handlungstendenz. In vielen Fällen gelingt dies dadurch, daß eine Intention gebildet wird, ein ganz bestimmtes Ziel zu erreichen und dadurch, daß sich der Handelnde auch im Sinne einer Verpflichtung an die-

ses Ziel bindet. Ist es hierzu gekommen, so manifestiert sich dieses in einem Wechsel der beteiligten motivationspsychologischen Prozesse. Während es in der ersten Phase ja um die Elaboration von Erwartungs- und Anreizparametern ging, geht es nach der Bildung einer Handlungstendenz (evtl. einer Intention) darum, die ablaufende Handlung so zu steuern, daß sie auf Zielkurs bleibt und das intendierte Handlungsziel erreicht wird. Wir finden in diesen neueren volitionspsychologischen Ansätzen also ein *dreigeteiltes Motivationsgeschehen:* die Herausbildung einer dominanten Motivationstendenz, die Bildung einer Intention und die dritte Phase, in der die Ausführung der Handlung im Sinne der Intention kontrolliert wird (Kuhl, 1983; Heckhausen & Kuhl, 1985; Schmalt & Heckhausen, in Vorb.).
Das allgemeine Problem, um das es hier geht, nämlich das der Heranführung einer Handlung an das Handlungsziel sowie das der Zielbildung und -bindung, ist allerdings der neueren Psychologie nicht gänzlich entgangen, wenngleich es auch in *systematischer* Form kaum behandelt wurde. Die Konzepte und Befunde sind über viele Teildisziplinen der Psychologie verstreut. Wir wollen einiges von dem hier zusammentragen.
Die Analyse der Ablaufsteuerung einer Handlung (einer Bewegung) wurde vorbereitet durch die Entwicklung von Modellvorstellungen, die am Regelkreismodell orientiert sind. Ein erstes solches Modell haben wir bereits in Kap. 2.2 kennengelernt (v. Holst & Mittelstaedt, 1950). Miller et al. (1960) haben innerhalb des anglo-amerikanischen Bereichs die Rückkehr zu willenspsychologischen Konzeptionen vorbereitet. Sie haben ein einfaches Regulationsmodell entwickelt, in dem eine Handlung bzw. ein Handlungsergebnis *(Ist-Wert)* mit einem Handlungsziel *(Soll-Wert)* verglichen wird und etwaige Diskrepanzen beseitigt werden. Komplexe Handlungen können in einzelne Elemente aufgelöst werden, die sich hierarchisch ordnen lassen. Jedes untergeordnete Element wird so lange ausgeführt, bis das vom übergeordneten Ziel bestimmte Teilziel erreicht ist. Mit dieser Konzeption hatte man ein formales Analogon zu den in Frage stehenden Mechanismen der Handlungssteuerung gefunden, mit dessen Hilfe die beteiligten psychologischen Aspekte verdeutlicht werden konnten.
Ein anderer Anlaß, sich mit Problemen der Ablaufsteuerung einer Handlung zu befassen, ging von der Beobachtung aus, daß es zwischen bestimmten Dispositionsmerkmalen der Person, etwa Motiven oder Einstellungen, und dem konkreten Verhalten häufig nur einen geringen Entsprechungsgrad gibt (vgl. Mischel,

1968). Die Menschen scheinen sich eben häufig nicht so zu verhalten, wie es ihren Einstellungen entspricht.

Die Möglichkeiten, diese Probleme zu lösen, sind vielfältig. In einigen theoretischen Ansätzen wurde jedoch – zunächst nur mit dem Anspruch verbunden, die Genauigkeit der Verhaltensvorhersage zu verbessern – ein volitionspsychologischer Teilprozeß beschrieben, der sich mit dem Problem der Ablaufsteuerung einer Handlung beschäftigt und der deswegen hier von Bedeutung ist. Es wird darin behauptet, daß das Ausmaß der Korrespondenz zwischen Einstellung und Verhalten in dem Maße steigt, in dem es der handelnden Person gelingt, die Aufmerksamkeit auf das Selbst bzw. die jeweils relevanten Einstellungen und Motive zu lenken. Die allgemeine Vorstellung hierbei ist die, daß durch die Aufmerksamkeitszuwendung verbindliche Standards und Zielvorstellungen, die durch die Motive vorgegeben sind, besonders hervorgehoben werden, so daß das Handeln relativ leicht mit ihnen in Einklang gebracht werden kann.

Snyder (1974, 1983) hat diesen Vorgang als *Selbstüberwachung* (self-monitoring) bezeichnet und damit jene Prozesse gemeint, mit denen Personen die Auswahl von Handlungen planend vorbereiten und schließlich in konkrete Handlungen umsetzen. Bei dieser Aufgabe stehen den Personen zwei unterschiedliche Arten von Informationen zur Verfügung: Informationen aus der Situation, die die Angemessenheit bestimmter Handlungen betreffen und andererseits Informationen, die sich auf innere Zustände – etwa motivationale Tendenzen – beziehen. Die Theorie nimmt nun an, daß sich Personen habituell darin unterscheiden, welchen Informationen sie sich bei der Planung und Ausrichtung ihres Verhaltens eher anvertrauen. Personen mit einer starken Disposition zur Selbstüberwachung sollen vornehmlich situative Informationen beachten, Personen mit einer schwachen Disposition sollen vornehmlich Informationen beachten, die ihre eigene innere Zuständlichkeit betreffen.

Es konnte experimentell belegt werden, daß Versuchspersonen mit einer starken Selbstüberwachungstendenz verschiedenartige Informationen, die aus der Situation kommen, beachteten und ihr Verhalten darauf ausrichteten, während Versuchspersonen mit einer schwachen Selbstüberwachungstendenz eher ein Verhalten zeigten, das vornehmlich nur von ihren Einstellungen abhing (Snyder & Gangestad, 1982).

Ein verwandtes Konzept mit allerdings weitergreifenden willenspsychologischen Implikationen haben Duval & Wicklund (1972) und Wicklund (1975, 1982) als *»objektive Selbstaufmerksamkeit«* beschrieben. Der volitionspsychologisch bedeutungsvolle Mechanismus in diesem Modell bezieht sich darauf, daß im Zustand erhöhter Selbstaufmerksamkeit (wenn man sich z. B. in einem Spiegel betrachtet) verbindliche Standards und Handlungsziele mit besonderer Deutlichkeit ins Bewußtsein treten und damit auch Abweichungen des jeweils erreichten Handlungsstandes vom verbindlichen Handlungsziel hervorgehoben werden (Wicklund, 1975, S. 235). Das kann Anlaß geben zu Korrekturen des Handlungsverlaufs in Richtung auf eine Verringerung der Diskrepanz zwischen konkretem Handlungsstand und dem Handlungsziel. Selbstaufmerksamkeit kann deshalb als ein wichtiger Steuerungs- und Kontrollprozeß für eine zielgerichtete Handlung angesehen werden (Carver, Blaney & Scheier, 1979, S. 1867).

Empirische Untersuchungen in diesem Bereich konnten vor allem drei Dinge belegen: Im Zustand objektiver Selbstaufmerksamkeit sind handlungsbewertende emotionale Zuständlichkeiten deutlicher im Bewußtsein hervorgehoben (Scheier & Carver, 1977). Das Ausmaß der Korrespondenz zwischen Handlungsziel und tatsächlichen Handlungen ist unter der Bedingung hoher objektiver Selbstaufmerksamkeit deutlich angehoben (Pryor, Gibbons, Wicklund, Fazio & Hood, 1977). Und schließlich drittens: Werden in einer Situation bestimmte normative Standards (z. B. daß man einer in Not geratenen Person helfen soll) besonders deutlich gemacht, so führt objektive Selbstaufmerksamkeit dazu, daß ein Verhalten auftritt, das mit diesen Standards in Einklang steht – daß in diesem Falle also deutlich mehr Hilfe angeboten wird (Gibbons & Wicklund, 1982).

In einer der besser kontrollierten Untersuchungen sind Scheier & Carver (1983) den angenommenen Steuerungsprozessen nachgegangen und haben das Ausmaß von Informationssuche und -aufnahme als einen Hinweis auf stattfindende Vergleichsprozesse zwischen einem Standard und dem jeweils erreichten Stand der Handlung herangezogen. Die Autoren konnten in mehreren Experimenten zeigen, daß bei erhöhter Selbstaufmerksamkeit mehr handlungsrelevante Informationen gesucht wurden, und zwar sowohl vor der Durchführung der Handlung als auch während der Ausführung und nach deren Beendigung.

An der Annahme unterschiedlicher Prozesse der Informationsverarbeitung haben auch Heckhausen & Gollwitzer (in Vorb.) die Unterscheidung zwischen der *realitäts- und der realisierungsorientierten Motivationsphase* festgemacht. Wie oben bereits gesagt wurde, geht es in der realitätsorientierten Phase um das Abwägen von Erwartungen und Anreizen, damit eine Entscheidung über eine Handlung getroffen werden kann, während es in der realisierungsorientierten Phase um die Ausführung der Handlung selbst geht. Sie haben ihre Versuchspersonen in einer Wahlsituation beobachtet, und zwar bevor eine Wahl für eine Handlungsalternative getroffen wurde (realitätsorientierte Motivationsphase) als auch danach (realisierungsorientierte Motivationsphase). Die Befunde zeigen, ganz gemäß den Hypothesen, daß sich die Gedanken der Versuchspersonen zunächst mit Anreiz- und Erwartungsparametern, nachdem eine Entscheidung gefallen war hingegen mit prozeduralen Problemen der Handlungsausführung beschäftigten.

Der Gedanke, daß eine einmal gebildete Motivationstendenz einschließlich der Herausbildung eines angestrebten Handlungsziels nicht so ohne weiteres dazu führen kann, daß auch geeignete Handlungen ergriffen und – gegebenenfalls auch bei widrigen Umständen oder andersartigen Verlockungen – aufrechterhalten werden, hat Kuhl (1983) bewogen, die am Erwartung-Wert-Modell orientierten Konzeptionen zu erweitern. Er nimmt an, daß es bei der Motivation zunächst darum geht, eine Motivationstendenz herauszubilden und das Ziel einer Handlung festzulegen. Dieses geschieht – etwas vereinfacht gesehen – nach dem Kalkül des Erwartung-Wert-Modells, das wir schon kennen. Er bezeichnet dieses als *Selektionsmotivation.* Das Erwartung-Wert-Modell wird nun durch einen Prozeß der *Realisationsmotivation* ergänzt, in dem die unter bestimmten Umständen notwendig werdenden Vorgänge der Handlungskontrolle näher beschrieben werden (s. u.).

Solche Umstände, die das Einsetzen besonderer Mechanismen der Handlungskontrolle notwendig machen, können gegeben sein, wenn in einer Situation die eigentlich »richtige« Handlung ausgewählt wurde, jedoch andere, mit der Situation jeweils assoziativ stärker verknüpfte aber jetzt ungeeignete Handlungsgewohnheiten existieren oder wenn in einer Situation zusätzliche Anreizmomente (Verlockungen) auftreten, die die Handlung von dem ursprünglich anvisierten Handlungsziel abzulenken versuchen. Man stellt sich das so vor, daß nach der Intentionsbildung eine weitere Motivationstendenz entsteht, die der ersten an Stärke überlegen ist und – nunmehr dominant – das Handeln zu beeinflussen versucht. Besteht nun eine Absicht, ein Handlungsziel anzustreben und zu verwirklichen, das momentan nur durch eine nicht-dominante Motivationstendenz getragen wird, müssen einige Vorkehrungen getroffen werden, die die Beibehaltung der Intention sowie die Initiation der Handlung und deren Aufrechterhaltung besorgen. Dieses sind volitionale Prozesse.

Der Einsatz volitionaler Vermittlungsprozesse ist auch dann notwendig, wenn in einer Situation gegen besonders hohe Schwierigkeiten angekämpft werden muß. Dann regulieren diese Prozesse den zur Bewältigung einer Aufgabe notwendigen Anstrengungsaufwand. Ach (1935, S. 346) hat einen solchen Vorgang im *»Schwierigkeitsgesetz der Motivation«* formuliert und damit eine unmittelbare Anpassung des Verhaltens an situative Erfordernisse gemeint.

Belege für die Gültigkeit einer solchen von der Aufgabenschwierigkeit ausgehenden Anstrengungsregulation hat insbesondere Locke (1968; Locke, Shaw, Saari & Latham, 1981) zusammengetragen. Diese Autoren fanden in der großen Mehrzahl ihrer Untersuchungen die Annahme eines positiven linearen Zusammenhangs zwischen der »Schwierigkeit des Ziels« und der Leistung bestätigt: Die Leistungsgüte stieg mit der Schwierigkeit des Ziels (der Aufgabe) an. Dieser Zusammenhang wurde um so deutlicher, je spezifischer die Handlungsziele vorgegeben und je präziser sie definiert waren (vgl. Schmidt, Kleinbeck & Brockmann, 1984). Der Einsatz und die Anstrengung bei einer Aufgabe werden also durch die Zielvorgabe, das ist hier der Schwierigkeitsgrad der Aufgabe, reguliert.

Bandura & Cervone (1983) haben gezeigt, daß ein schwierigkeitsentsprechender Kräfteeinsatz mit hohen Leistungsergebnissen sich am besten einspielt, wenn neben dem gesetzten Anspruchsniveau auch laufend Rückmeldungen über den bisher erreichten Leistungsstand vorliegen. Volitionspsychologisch ist dies einleuchtend: der Prozeß der Angleichung von Verhalten an einen Standard kann nur dann funktionieren, wenn man fortlaufend über den jeweils aktuellen Handlungsstand unterrichtet ist.

In einer Reihe von Untersuchungen fand Schneider (1983) allerdings häufig auch keine Zusammenhänge zwischen postexperimentell erhobenen Absichten zur Leistungsverbesserung und tatsächlichen Leistungsveränderungen nach Erfolg und Mißerfolg. Er nimmt deshalb an, daß die Anpassung der Anstrengung an auftretende Schwierigkeiten und Widerstände quasi »automatisch« ohne vermittelnde und bewußte Einschaltung von Absichten zustandekommt.

Wie sehen nun die für die Realisierung einer Absicht notwendigen Vermittlungsprozesse aus, wenn sie sich nicht quasi automatisch an die Zielvorgaben anpassen? Das Modell von Kuhl (1983) unterscheidet zunächst zwei unterschiedliche Kontrollzustände, die als *Handlungs- und Lageorientierung* bezeichnet werden und im wesentlichen durch unterschiedliche Zentrierungen der Aufmerksamkeit auf verschiedene Elemente einer Absicht gekennzeichnet sind. Handlungsorientierung liegt vor, wenn sich die Aufmerksamkeit des Handelnden gleichmäßig auf alle Elemente einer Absicht bezieht, die zu einer wirkungsvollen Ausrichtung des Verhaltens wichtig sind: nämlich das Ziel selbst (Soll-Zustand), die gegenwärtige Lage (Ist-Zustand), die Diskrepanz zwischen beiden und die zur Diskrepanzreduktion beabsichtigte Handlung. Ein lageorientierter Zustand besteht hingegen, wenn sich die Aufmerksamkeit auf eine Absicht richtet, der eines dieser Elemente fehlt und deshalb als degeneriert bezeichnet wird.

Je nachdem, welche Absichtselemente den Defekt bewirken und auf welche der verbleibenden Absichtselemente die Aufmerksamkeit gerichtet ist, werden verschiedene Typen von Lageorientierung unterschieden: eine, die sich auf die Planungsphase, nämlich das Abwägen von Handlungsalternativen selbst bezieht. Das ist ein Aspekt der Selektionsmotivation. Eine zweite Art der Lageorientierung ist aufmerksamkeitsmäßig vor allem auf die (emotionalen) Folgen von erzielten Handlungsergebnissen (insbesondere Mißerfolge), also einen postaktionalen Bewertungsvorgang bezogen. Die dritte Art der Lageorientierung bezieht sich auf eine übergewichtige Zielzentrierung und beschreibt als einzige ein im engeren Sinne *volitionales Defizit:* Die Ziele sind klar vorgegeben, aber es fehlen jene Absichtselemente, in denen konkrete Handlungen zur Zielerreichung spezifiziert sind. Unter diesen Umständen kann eine Absicht nicht realisiert werden.

Wenn eine Absicht intakt ist, also über sämtliche Elemente verfügt, so kann dennoch, wie wir oben gesehen haben, der Umstand eintreten, daß in einer Situation andersartige Verlockungen auftreten, die die Realisierung der ursprünglichen Absicht zu behindern versuchen. Unter solchen Verhältnissen muß die Absicht gegen starke konkurrierende Handlungstendenzen abgeschirmt werden. Es setzen dann die im engeren Sinne volitionalen Prozesse zur Handlungskontrolle ein. Insgesamt sechs solcher Prozesse werden beschrieben (Kuhl, 1983, S. 305):

1. *Aufmerksamkeitssteuerung:* Die Aufmerksamkeit wendet sich selektiv den für die Aufrechterhaltung und Abschirmung der Absicht wichtigen Bereichen zu.
2. *Sparsamkeit der Informationsverarbeitung:* Dieses bezieht sich auf den Einsatz von Stop-Regeln. Sie beenden das Abwägen von Handlungsalternativen, um eine bestehende Absicht nicht der Konkurrenz durch neu entstehende Handlungstendenzen auszusetzen.
3. *Emotionskontrolle:* Sie sorgt für ein emotionales Klima, das der Ausführung einer Absicht dienlich ist.
4. *Motivationsaufschaukelung* (Anreizaufschaukelung): Die Bedeutung derjenigen Anreize, die die jeweils aktuelle Absicht tragen, wird angehoben.

5. *Enkodierungskontrolle:* Neue Informationen werden vornehmlich nach solchen Kategorien geordnet, die in einer Beziehung zu der jeweils aktuellen Absicht stehen.
6. *Umweltkontrolle:* Es werden bestimmte Maßnahmen getroffen, die die Ausführung der jeweils aktuellen Absicht erleichtern.

Diese verschiedenen Kontrollprozesse sind nicht unabhängig voneinander. Sie bezeichnen vielmehr unterschiedliche Eingriffsmöglichkeiten handlungskontrollierender Strategien in verschiedene Phasen des Motivationsprozesses. So setzen etwa Maßnahmen zur Umweltkontrolle an der gezielten Veränderung von Situationen ein (z. B.: keine alkoholischen Getränke in der Wohnung aufbewahren). Die Wirksamkeit einer solchen Kontrolltechnik ist allerdings über die Mechanismen der Emotions- und Motivationskontrolle vermittelt insofern, als durch die gezielte Veränderung der Umwelt Emotionslagen und Anreizkonstellationen entstehen, die mit der Durchsetzung der Absicht (hier z. B.: enthaltsam zu sein) in Übereinstimmung stehen.

Ein Vorgang, dessen Bedeutung für volitionspsychologisches Geschehen von vielen Autoren hervorgehoben wird, ist der Prozeß der Aufmerksamkeitssteuerung und der damit verbundenen selektiven Informationsverarbeitung. Kuhl (1983) hat dieses unter volitionspsychologischer Perspektive als Enkodierungskontrolle beschrieben. Die Maßgaben für die Aufmerksamkeitssteuerung und die Selektivität der Informationsaufnahme und -verarbeitung kommen aus hochgeneralisierten Wissensstrukturen, die die eigene Person betreffen. Sie können sich im einfachsten Fall lediglich auf die Richtungskomponente der Aufmerksamkeit beziehen (wie etwa im Falle der Selbstüberwachung und Selbstaufmerksamkeit), aber auch wichtige Ziele, Intentionen und jeweils darauf bezogene Verhaltensweisen in Form eines festen Schemas mit einbeziehen.

Markus (1983) hat solche hoch generalisierten Schemata beschrieben, die die eigene Person betreffen. Ihnen soll eine wichtige Rolle bei der Handlungssteuerung zufallen, und zwar dadurch, daß sie die Aufmerksamkeit auf Dinge lenken, die für die Realisierung einer Intention wichtig sind. In einer ganzen Reihe von Untersuchungen konnte aufgezeigt werden, wie dies im Detail geschieht: Informationen, die mit dem Schema übereinstimmen, werden schneller und weniger fehlerhaft verarbeitet als nicht übereinstimmende Informationen. Informationen, die mit dem Schema direkt in Widerspruch stehen, werden abgewehrt oder zumindest abgewertet. Ferner wird das für ein Schema wichtige Material besser erinnert und schneller wiedererkannt als unwichtige Informationen (Markus & Sentis, 1982). Diese Befunde belegen eine Informations-

verarbeitung im Sinne der oben beschriebenen Enkodierungskontrolle, die außerordentlich selektiv ist und die Informationen in einer Weise filtert, die der Realisierung der bestehenden Absicht nur zuträglich ist.
Kuhl und Mitarbeiter (Kuhl, 1984) sind in mehreren Untersuchungen der Frage nach den Merkmalen der Informationsverarbeitung unter dem Aspekt der Handlungskontrolle nachgegangen. Sie fanden, daß Handlungsorientierung die Aufmerksamkeit vergleichsweise deutlich auf handlungsbezogene Informationen ausrichtet und irrelevante Informationen eher vernachlässigt. Das gilt auch in der vorgelegenen Motivationsphase, wenn bei der Auswahl von Handlungsalternativen Informationen, die auf die Güte der Wahl *keinen* Einfluß nehmen, unbeachtet bleiben und dadurch eine rasche Handlungsbereitschaft begünstigen.
In einer anderen Studie (Kuhl, 1981) ging es um die Auswirkungen nicht kontrollierbarer Handlungsergebnisse (Mißerfolge) auf nachfolgende Leistungen. Eine solche Situation, in der ein Kontrollverlust erlebt wird, soll zu nachfolgenden Leistungsbeeinträchtigungen führen (vgl. Kap. 4.3). Es zeigte sich in dieser Untersuchung, daß man diesen Effekt allerdings umkehren kann in eine deutliche *Leistungsverbesserung*, wenn die Personen davon abgehalten werden, in einen lagebezogenen Zustand zu geraten und ermuntert werden, sich mit handlungsrelevanten Informationen zu beschäftigen, indem sie explizit ihre Lösungsstrategien für die Aufgaben durchdenken. Dieser Effekt ließ sich leider nur für jene Versuchspersonen aufzeigen, die habituellerweise dazu neigen, in einen lagebezogenen Zustand zu geraten. Ein Ärgernis, das noch auf eine befriedigende theoretische Klärung wartet.
Interessant sind in diesem Zusammenhang auch die Arbeiten von Anderson (1983), in denen er eine Brücke von solchen das Selbst betreffenden Informationsstrukturen zu Intentionsbildungen schlägt. In seinen Untersuchungen hat er bestimmte Situationen beschrieben und seine Versuchspersonen aufgefordert, sich in diese Situationen zu versetzen. Dann sollten sie, aus dieser Lage heraus, bestimmte Handlungspläne entwerfen. Wie sich zeigte, genügt allein das Vorstellen solcher Handlungspläne, um eine Intention zur Handlungsrealisierung zu bilden bzw. sie in Richtung auf die vorgestellten Handlungsschritte zu verändern. Möglich, daß die Vorstellung von Handlungsplänen täuschend nahelegt, die Intentionsbildung sei bereits abgeschlossen und könne nun unmittelbar in Handlungen umgesetzt werden.
Einige wichtige Hinweise über strukturelle und inhaltliche Eigenarten von Handlungsplänen, die geeignet sind, eine einmal begon-

nene Handlung auf Zielkurs zu halten und gegen momentane Verlockungen abzuschirmen, kommen aus einer Untersuchung von Mischel & Patterson (1976). Es zeigte sich hier, daß Kinder insbesondere dann einer Verlockung widerstanden und bei einer Aufgabe blieben, wenn sie über *konkrete und elaborierte Handlungspläne* verfügten. Diese Handlungspläne beinhalteten langfristige positive Folgen bei konsequenter Zielverfolgung und konkrete Maßnahmen zur Abschirmung gegenüber der Verlockung. Einer Ablenkung der Handlung durch mächtige Verlockungen kann demnach durch Handlungskontrollstrategien begegnet werden, in denen neben konkreten Handlungsschritten auch die Anreize (Valenzen) der Handlungsfolgen eine Rolle spielen, sei es, daß die – langfristigen – positiven Folgen einer Absichtsrealisation besonders hervorgehoben oder die – kurzfristigen – positiven Folgen der damit unvereinbaren Verlockung ausgeblendet werden.

Zusammenfassend gesehen verweisen die hier im Rahmen der neu entstandenen Volitionspsychologie vorgestellten Konzepte und Befunde auf die Bedeutung postintentionaler Motivationsprozesse. Drei wichtige Eigenschaften dieser Prozesse sind bislang sichtbar geworden: Der Vorgang der Intentionsbildung und der Angleichung des laufenden Verhaltens an das in der Intention enthaltene Handlungsziel ist in hohem Maße *bewußtheitspflichtig*. Dies betrifft sowohl jene Vorgänge, die zur Kurseinhaltung der ablaufenden Handlung selbst notwendig sind, wie auch jene, die für die Aufrechterhaltung und Stabilisierung der die Handlung tragenden motivationalen Tendenz verantwortlich sind. Ein solcher Fall ist etwa gegeben, wenn eine bestehende Motivationstendenz bereits zur Bildung einer Intention geführt hat und diese Motivationstendenz nun gegen konkurrierende Tendenzen abgeschirmt werden muß. Steuerungsvorgänge dieser Art basieren auf *Mechanismen selektiver Informationsverarbeitung*. Allgemein gesagt werden jene Informationen mit besonderer Aufmerksamkeit belegt, die die Gelegenheit für eine rasche Aufnahme der geeigneten Handlung und deren verläßliche Ausführung sicherstellen. Inhaltlich beziehen sich diese Informationsverarbeitungsprozesse auf dreierlei: auf die Diskrepanz zwischen erreichtem Handlungsstand und dem angestrebten Handlungsergebnis *(Ist-Soll-Lagen-Diskrepanz)*, ferner auf *konkrete Handlungen* zur Verringerung der Diskrepanz und schließlich auf die *Anreize der Folgen*, die sich bei Erreichen oder Verfehlen der Soll-Lage einstellen.

4. Themen der Motivationspsychologie

Wir haben in den vorangegangenen Kapiteln die Hauptströmungen der Motivationspsychologie verfolgt und vor allem die neueren Entwicklungen im Bereiche der kognitiven Modelle ausführlich dargestellt. Wir wollen nun die Perspektive wechseln und einige Inhaltsbereiche (»Themen«) der Motivationspsychologie näher betrachten. Ein solches Thema, wie etwa Leistung, Anschluß, Aggression, ist durch ein jeweils spezifisches Motiv- bzw. Handlungsziel gekennzeichnet. Es beinhaltet in sehr allgemeiner und abstrakter Form einen Person-Umwelt-Bezug, um dessen Willen eine Handlung unternommen wird. So umfaßt beispielsweise das Thema »Aggression« solche Handlungen, in denen ein anderer Organismus geschädigt wird. Wie nun eine solche Schädigung aussieht, durch welche konkreten Handlungen sie herbeigeführt wird, das ist außerordentlich vielfältig. Es kann von bestimmten Eigenarten des Organismus abhängen, von der speziellen Situation, die zum Handeln auffordert und schließlich auch durch die kulturellen und gesellschaftlichen Randbedingungen mitdeterminiert sein und doch können alle diese Handlungen unter dem Begriff der »Aggression« zusammengefaßt werden, da sie die Schädigung eines anderen Organismus als gemeinsames Handlungsziel haben.

In der motivationspsychologischen Forschung haben sich nun eine Reihe solcher Forschungsschwerpunkte herausgebildet, die sich jeweils auf ein bestimmtes Thema konzentriert haben. Was die dabei herangezogenen allgemeinen motivationspsychologischen Grundlagen anbelangt, so gibt es ganz unterschiedliche Konstellationen. In einigen Gebieten gibt es eine ausgesprochene Theorienvielfalt, wie etwa im Bereich der Aggressionsforschung, in denen wir neben trieb- und instinkttheoretischen Ansätzen ebenso sozial-lerntheoretische, anreiztheoretische und kognitive Modelle finden. Der Bereich der Leistungsmotivationsforschung hingegen steht fast ausnahmslos in der Tradition des Erwartung-Wert-Modells und seiner kognitiven Abkömmlinge.

Wir werden in diesem einen Kapitel natürlich nicht die gesamte Vielfalt der Forschung ausbreiten können und uns auf einige wenige Themen beschränken müssen. Wir werden jenen theoretischen Ansätzen erhöhte Aufmerksamkeit schenken, die in der letzten Zeit ein besonders starkes Forschungsinteresse auf sich gezogen haben und hierzu ausgewählte Ergebnisse experimenteller

Motivationsforschung darstellen. Das Beispielhafte hat also Vorrang vor enzyklopädischer Ausführlichkeit.

4.1 Leistungsmotivation

Die experimentelle Analyse von Motivationsvorgängen im Humanbereich setzte erst zu Beginn der fünfziger Jahre ein. Interessanterweise entfalteten sich die Forschungsaktivitäten erst, nachdem es gelungen war, Unterschiede in den Motivausstattungen der Menschen in befriedigender Weise zu messen. Die richtungsweisenden Arbeiten hierzu kamen aus dem McClelland-Atkinson-Kreis (McClelland et al., 1953). Sie gingen von der Annahme aus, daß es dem Menschen oftmals gar nicht gelingt, im Selbsterleben seine Motive exakt zu erfassen und darüber – etwa bei der Beantwortung eines Fragebogens – Auskunft zu geben. Sie haben deshalb Motive auf indirektem Wege gemessen und hierbei auf den *Thematischen Auffassungs-Test* (TAT) (Murray, 1938) zurückgegriffen.
In diesem Verfahren bekommen die Versuchspersonen eine Reihe von Bildern vorgelegt (z. B. Meister und Lehrling in einer Werkstatt), zu denen sie möglichst einfallsreiche Geschichten erzählen sollen. Diese Geschichten werden nun systematisch auf solche Inhalte hin analysiert, die auf bestimmte Motive hindeuten. Es muß also für jedes zu untersuchende Motiv – hier für das Leistungsmotiv – eine Art *Inhaltsschlüssel* entwickelt werden, der die allgemeinen Eigenschaften von solchen Geschichteninhalten beschreibt, die auf das Motiv hindeuten. Man kann dann dadurch, daß man das Auftreten solcher Inhalte einfach auszählt, einen Kennwert für die Stärke des Leistungsmotivs gewinnen. Das Hauptkriterium bei der Verrechnung von Geschichteninhalten als leistungsthematisch besagt, daß eine Äußerung dann als leistungsbezogen zu gelten hat, wenn in ihr »Affekte im Zusammenhang mit der Auseinandersetzung mit Gütemaßstäben« zum Ausdruck kommen (McClelland et al., 1953, S. 110–111). Die »Auseinandersetzung mit Gütemaßstäben« definiert einen leistungsbezogenen Person-Umwelt-Bezug, und die darin auftretenden Affekte verweisen auf den motivationalen Charakter dieser Äußerung. Diese allgemeinen Grundlagen der Messung des Leistungsmotivs sind direkt aus der allgemeinen Motivationstheorie abgeleitet (vgl. Kap. 2.5). Im deutschsprachigen Raum hat Heckhausen (1963) einen Inhaltsschlüssel entwickelt, der es gestattet, die aufsuchende und die meidende Motivkomponente »Hoffnung auf Erfolg« und »Furcht vor Mißerfolg« getrennt zu er-

fassen. Für die Verhaltensvorhersage wird häufig ein Maß herangezogen, in dem die Furcht- von der Hoffnungskomponente subtrahiert wird. Dieses Maß gibt dann Auskunft über die relativen Stärken beider Motivationstendenzen und unterscheidet Erfolgs- ($M_e > M_m$) und Mißerfolgsmotivierte ($M_e < M_m$).

McClelland (1980, 1985) hat stets betont, daß eine Erfassung von Motiven ausschließlich über diesen indirekten Weg möglich sei, weil hierbei *spontan* auftretende Gedanken, und nicht bloß Reaktionen, wie bei der Beantwortung eines Fragebogens erfaßt werden. Da auch Motiviertes im Verhalten spontan auftritt und nicht als bloße Reaktion auf die objektiven Reizgegebenheiten zu sehen ist, ist der TAT am ehesten in der Lage, Verhalten vorherzusagen. In einem neuentwickelten Verfahrenstyp, der sog. *Gitter-Technik* (Schmalt, 1976a, b), ist es jedoch gelungen, die Vorteile der indirekten Motivmessung mit den Vorteilen der leichten Handhabbarkeit von Fragebogenverfahren zu verbinden. In einer ganzen Reihe von Untersuchungen hat sich dieses Verfahren als ein verläßliches Instrument für die Messung des Leistungsmotivs erwiesen (vgl. Heckhausen et al., 1985).

In den ersten experimentellen Untersuchungen mit dem TAT-Verfahren konnte gezeigt werden, daß sich Personen mit starkem und schwachem Leistungsmotiv (d. h. Personen mit vielen bzw. wenigen leistungsthematischen Geschichteninhalten) auch ansonsten in ihrem Leistungsverhalten unterscheiden. Hoch Leistungsmotivierte neigen dazu, sich eher auf leistungsbezogene Tätigkeiten einzulassen, sie lernen schneller, zeigen bessere Leistungen und bleiben unter bestimmten Bedingungen auch länger bei einer leistungsbezogenen Tätigkeit.

Einen deutlichen Aufschwung erlebte die Forschung durch den theoretischen Beitrag Atkinsons (vgl. Kap. 3.4). Sein Modell, das zunächst (Atkinson, 1957) nur für die Erklärung von Aufgabenwahlen unterschiedlicher Schwierigkeiten gedacht war, wurde später (Atkinson, 1964) in ein allgemeines Modell für leistungsorientiertes Verhalten überführt. Das Hauptkennzeichen des Modells ist, daß es ein Maximum der verschiedenen motivationalen Tendenzen jeweils bei einer subjektiven Erfolgswahrscheinlichkeit von $W_e = 0.50$ annimmt (vgl. Tab. 2). Unterschiede im Leistungsverhalten (Aufgabenwahl, Leistung, Ausdauer) zwischen hoch und niedrig Motivierten (bzw. Erfolgs- und Mißerfolgsmotivierten) werden also nicht ganz allgemein, sondern nur unter bestimmten Bedingungen, nämlich bei mittelhohen subjektiven Erfolgswahrscheinlichkeiten erwartet.

Die Vorhersagen bezüglich der *Aufgabenwahlen* wurden häufig mit Hilfe eines Ringwurfspiels überprüft. Die Versuchspersonen sollen mehrmals hintereinander einen Ring über einen Pflock werfen und können hierbei die Entfernung selber bestimmen. In vielen Experimenten gab es eine vorgeschaltete Übungsphase, in der die Versuchspersonen ihre Erfolgschancen bei den einzelnen Wurfdistanzen kennenlernen konnten. Die Ergebnisse einer der gut kontrollierten Untersuchungen (Hamilton, 1974) zeigt Abb. 13. Sie sind in vieler Hinsicht typisch. Es zeigte sich nämlich, daß zwischen Erfolgs- und Mißerfolgsmotivierten die deutlichsten Unterschiede in den Wahlhäufigkeiten bei »mittleren« Schwierigkeitsgraden liegen. Die Mißerfolgsmotivierten zeigten allerdings nicht ein Ausweichen auf die beiden Extreme der Erfolgswahrscheinlichkeitsskala, sondern eine einseitige Bevorzugung sehr schwieriger Aufgaben. Auch in anderen Untersuchungen hat sich gezeigt, daß sich die Mißerfolgsmotivierten in diesem Punkt nicht »theoriekonform« verhalten. Sie streuen ihre Wahlen über die ganze Schwierigkeitsskala, weichen nur auf ein Ende der Skala aus oder zeigen gar das gleiche Präferenzmuster wie die Erfolgsmotivierten, wenngleich in nicht so ausgeprägter Form. Einer der wenigen Befunde, in denen die Mißerfolgsmotivierten modellgerecht auf die Endpunkte der Schwierigkeitsskala ausweichen, stammt von Schneider

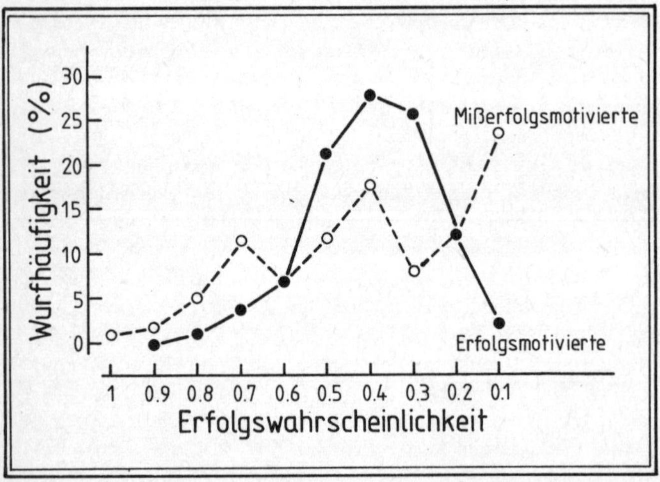

Abb. 13: Die Häufigkeit von Aufgabenwahlen (Wurfhäufigkeit) für Erfolgs- und Mißerfolgsmotivierte in Abhängigkeit von der Erfolgswahrscheinlichkeit (nach Hamilton, 1974)

& Meise (1973). Allerdings nur dann, wenn die Wahlen auf die objektiven Schwierigkeitsstufen bezogen werden. Dieses Befundmuster geht verloren, wenn die Wahlen auf subjektive Erfolgswahrscheinlichkeiten bezogen werden. Dies kann darin begründet sein, daß Personen ihre subjektiven Erfolgswahrscheinlichkeiten nur sehr ungenau schätzen (vgl. Kap. 3.4) und ihre verbalen Angaben die objektiven Wahrscheinlichkeiten verfälschen.
Eine deutliche Unterstützung für die Modellannahmen kommt aus Untersuchungen, die mit dem *Anspruchsniveau*-Paradigma gearbeitet haben. Bereits Lewin et al. (1944) hatten Anspruchsniveau-(AN)-Setzungen mit Hilfe des Erwartung-Wert-Modells analysiert. Danach sollen Personen dort ihr AN setzen, wo die Summe der gewichteten Valenzen von Erfolg und Mißerfolg ein Maximum hat. Das typische AN-Experiment sieht so aus, daß die Versuchspersonen mit einer Serie von gleichartigen Aufgaben konfrontiert werden, die jede für sich schwierigkeitsmäßig variiert werden kann. Das wird dadurch erreicht, daß man mehr oder weniger von einer gegebenen Aufgabe bearbeitet oder die Zeit, die für die Bearbeitung der Gesamtaufgabe zur Verfügung steht, verschieden bemißt. Der Versuch verlangt nun von den Versuchspersonen, solche Serien zu bearbeiten und sich für den jeweils nächsten Bearbeitungsdurchgang ein verbindliches AN zu setzen. Bezieht man das Risiko-Wahl-Modell auf dieses Paradigma, so läßt sich die Hypothese ableiten, daß Erfolgsmotivierte ihre Zielsetzungen am bereits erreichten Leistungsstand orientieren und bei ihrer AN-Setzung geringfügig darüber hinausgehen sollten. Das Erreichen von Zielen, die etwas über das bereits Erreichte hinausgehen, ist maximal unsicher, die subjektive Erfolgswahrscheinlichkeit sollte hier etwa bei $W_e = 0.50$ liegen. Ziele, die deutlich unter oder über dem bereits Erreichten liegen, sind mit sehr hohen oder sehr niedrigen Erfolgswahrscheinlichkeiten verbunden. Solche AN-Setzungen werden von den Mißerfolgsmotivierten erwartet. Befunde, die diese Vorhersagen bestätigen, können als relativ gut gesichert angesehen werden (vgl. Heckhausen et al., 1985).
Bemerkenswerterweise ist die Unterstützung für das Modell Atkinsons relativ schwach, wenn man Leistungsmaße heranzieht. Die allgemeine Erwartung ist die, daß sich Erfolgs- und Mißerfolgsmotivierte nur bei mittelschwierigen Aufgaben in ihrer Leistung unterscheiden, während sich bei leichten und schwierigen Aufgaben keine Unterschiede ergeben. Einen solchen Befund berichten Karabenick & Youssef (1968). Ein Befund, der in Nachfolgeuntersuchungen nicht immer bestätigt wurde. So hängt die Art des Zusammenhangs zwischen Motivation und Leistung auch davon ab,

ob die Aufgabe bereits bekannt ist oder ob es sich um eine neuartige Aufgabe handelt und ob die Leistung mehr eine Mengen- oder mehr eine Gütecharakteristik trägt (vgl. Heckhausen et al., 1985).

Interessanterweise sieht sich die Theorie der Leistungsmotivation bei der Leistungsvorhersage konfrontiert mit einem von Locke (1968) formulierten Ansatz, in dem das »Schwierigkeitsgesetz der Motivation« (Hillgruber, 1912; Ach, 1935) neu formuliert wurde (vgl. Kap. 3.6). Danach sollten Personen – innerhalb gewisser Grenzen – sich um so mehr anstrengen, je schwieriger die Aufgabe wurde. Ein solch schwierigkeitsproportionaler Kräfteeinsatz sollte dann auch zu besseren Leistungen bei ansteigender Schwierigkeit führen. Locke (1968; Locke et al., 1981) hat eine solche Annahme in vielen empirischen Untersuchungen bestätigt gefunden. Diese Befundlage scheint die Schlußfolgerung nahezulegen, daß Leistungsverhalten durch Modelle, die auf den Prozeß der Handlungskontrolle bezogen sind, das sind volitionspsychologische Modelle, besser erklärt werden kann als durch Wahl-Modelle, die sich mit der Herausbildung von Motivationstendenzen beschäftigen. Die Beantwortung der allgemeinen Frage allerdings, wie sich denn Motivation in Leistung umsetzen kann, wird eine wichtige Aufgabe für die Motivationspsychologie bleiben.

Eine interessante Ableitung aus dem Risiko-Wahl-Modell, die sich auf *Ausdauerverhalten* bezieht, hat Feather (1961) untersucht. Er ist von der damals vergeblichen Suche nach einem stabilen Persönlichkeitsmerkmal, das Ausdauerverhalten vorhersagt, ausgegangen und hat versucht, Ausdauer aus einem Zusammenwirken von verschiedenen Person- und Situationsvariablen – gemäß dem Risiko-Wahl-Modell – zu erklären. Er hat seinen Versuchspersonen, die an (objektiv unlösbaren) Aufgaben arbeiteten, die als leicht oder schwierig bezeichnet wurden, permanent Mißerfolg induziert. Er machte die Annahme, daß sich die subjektiven Erfolgswahrscheinlichkeiten bei einem andauernden Mißerfolg kontinuierlich verringern. Wenn nun bei einer Aufgabe, die zunächst als leicht erlebt wird ($W_e = 0.70$), Mißerfolg entsteht, sollte sich die subjektive Erfolgswahrscheinlichkeit auf $W_e = 0.50$ zubewegen. In diesem Bereich sind die Erfolgsmotivierten maximal aufsuchend, die Mißerfolgsmotivierten maximal meidend motiviert. Unter dieser Bedingung sollten die Erfolgsmotivierten also länger bei der Aufgabe bleiben und mehr Lösungsversuche unternehmen als die Mißerfolgsmotivierten. Wenn eine Aufgabe jedoch als schwierig angesehen wird ($W_e = .05$), sollten bei Mißerfolg die subjektiven Erfolgswahrscheinlichkeiten gegen Null gehen. In diesem Bereich nehmen

die Aufsuchen- und Meidenmotivationen ständig ab, und die Mißerfolgsmotivierten sollten relativ länger bei der Aufgabe bleiben, weil hier ihre meidende Motivierung den geringsten Wert annimmt (vgl. Tab. 2).
Die Ergebnisse dieser Untersuchung stützten die Vorhersagen recht gut. Die Erfolgsmotivierten blieben länger bei der Aufgabe, wenn sie ursprünglich als leicht ausgegeben wurde und gaben relativ schneller auf, wenn die Aufgabe als sehr schwierig galt. Umgekehrt die Mißerfolgsmotivierten. Sie gaben bei einer leichten Aufgabe schnell auf und blieben relativ lange bei einer schwierigen Aufgabe. In einer Nachfolgeuntersuchung von Oltersdorf (1978) konnte dieses Befundmuster im wesentlichen repliziert werden (vgl. Abb. 14). Erfolgsmotivierte persistierten bei einer leichten Aufgabe länger als die Mißerfolgsmotivierten und bei einer schwierigen Aufgabe weniger lange als die Mißerfolgsmotivierten. Dieser letzte Befundteil ist besonders auch deswegen interessant, weil er sich im Gegensatz zu alltagspsychologischen Überlegungen befindet. Danach sollte man doch den Erfolgsmotivierten gerade bei sehr schwierigen Aufgaben eine längere Ausdauer zutrauen. Das

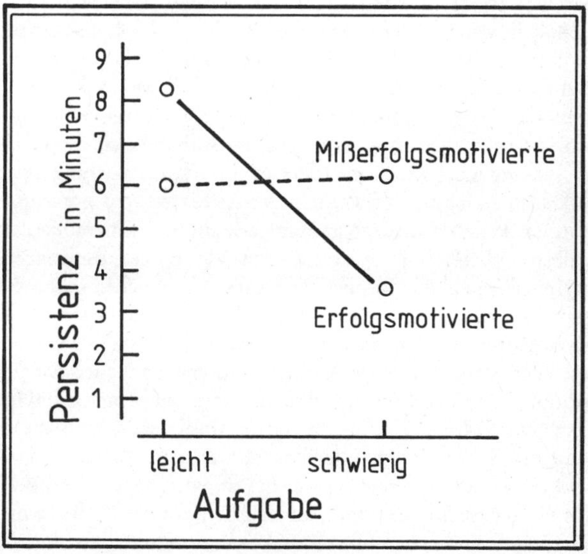

Abb. 14: Ausdauerverhalten (Persistenz in Minuten) für Erfolgs- und Mißerfolgsmotivierte in Abhängigkeit von der Aufgabenschwierigkeit (nach Oltersdorf, 1978)

Gegenteil von dieser alltagspsychologischen Überzeugung ergibt sich jedoch als konsequente Ableitung aus dem Risiko-Wahl-Modell. Eine Ableitung, die auch empirische Stützung findet.
Das Atkinson-Modell ist in der Folgezeit in verschiedenen Richtungen revidiert, ergänzt und erweitert worden (zusammenfassend: Heckhausen et al., 1985). Die zweifellos einflußreichste Erweiterung war der Revisionsvorschlag Weiners (1972), der die drei Hauptvariablen des Modells, Motive, Anreize und Erwartungen, mit bestimmten Typen von Ursachenzuschreibungen in Zusammenhang brachte (vgl. Abb. 11).
Motive sollten, nach dieser Überzeugung, wie Voreingenommenheiten im Umgang mit Ursachenzuschreibungen wirken. So sollten sich die Erfolgsmotivierten eher für ihre Erfolge, die Mißerfolgsmotivierten eher für ihre Mißerfolge verantwortlich fühlen. Insbesondere die Attribuierung von Mißerfolg wurde später noch weiter differenziert: Erfolgsmotivierte sollten Mißerfolge auf mangelnde Anstrengung zurückführen und Mißerfolgsmotivierte eher auf mangelnde Begabung. Die Tatsache, daß man hier Motivunterschiede mit unterschiedlichen Attributionsneigungen zusammenbrachte, hat auch dazu geführt, das Motivkonstrukt selbst mit einem neuen Inhalt zu versehen. Während Atkinson (1964) das Leistungsmotiv konzipierte in Hinblick auf eine Neigung, bestimmte Affekte zu erleben, nämlich »Stolz im Zusammenhang mit erbrachter Leistung«, definierte Weiner (Weiner et al., 1971) nun das Leistungsmotiv als eine Tendenz, Erfolg als durch internale Faktoren verursacht wahrzunehmen. Durch diese Annahme ist es gewissermaßen zu einem »Anreizwechsel« in der Theoriebildung gekommen. Dem hedonistischen Prinzip des Affekterlebens wird nun ein kognitives Prinzip kritischer Selbsterkenntnis gegenübergestellt. Allerdings scheint der Ansatz, in den Attribuierungsdivergenzen auch unterschiedliche Motivziele (Anreize) zu sehen, theoretisch zu weit gegriffen. Im übrigen sind die Vorhersagen beider Modelle völlig identisch (Heckhausen et al., 1985).
Eine Unterstützung für die Annahme unterschiedlicher Attribuierungen der Erfolgs- und Mißerfolgsmotivierten bringt eine Untersuchung von Meyer (1973). In dieser Studie arbeiteten die Versuchspersonen an Denkaufgaben und erlebten dabei entweder einen Erfolg oder Mißerfolg. Die Ergebnisse zeigten, daß die Erfolgsmotivierten ihre Erfolge sehr deutlich, ihre Mißerfolge hingegen kaum mit der eigenen Begabung in Verbindung brachten. Mißerfolgsmotivierte hingegen brachten Erfolg und Mißerfolg in etwa gleichem Ausmaß mit der eigenen Begabung in Verbindung. Die Attribuierung von Mißerfolg wurde von den Erfolgsmotivierten

insgesamt variabler gehalten. Sie attribuierten einen Mißerfolg besonders auf mangelnde Anstrengung und widrige Umstände (Pech). Einen ähnlichen Befund berichtet Schmalt (1982). Auch hier attribuierten hoch Mißerfolgsmotivierte einen Mißerfolg verstärkt auf mangelnde Begabung, aber nicht auf mangelnde Anstrengung.

Diese Attribuierungsunterschiede haben weitreichende motivationale Konsequenzen. Wenn nämlich ein Mißerfolg mit mangelnder Begabung in Verbindung gebracht wird, so entstehen hier zunächst deutliche negative Affekte, die auch einen negativen *Selbstbewertungsbezug* aufweisen. Darüber hinaus läßt eine solche Attribuierung auch für die Zukunft nichts Gutes erwarten. Man wird auch weiterhin Fehlschläge erwarten, da ja Begabung nicht kurzfristig veränderbar ist. Eine solche Konstellation kann insbesondere in Bereichen, in denen Begabung gesamtgesellschaftlich für wichtig gehalten wird, zu starken Selbstwertbelastungen führen (Nicholls, 1976). Eine variable Mißerfolgsattribuierung bringt hingegen viele motivationspsychologische Vorteile. Affektkonsequenzen kann man, zumindest solange noch kein »endgültiger« Mißerfolg erreicht ist, aufschieben. Im Falle einer Zufallsattribuierung dürften selbstwertbezogene Affekte erst gar nicht entstehen. Für die Zukunft entstehen auch günstigere Aussichten, da man bessere Umstände erhoffen oder ein höheres Maß an Anstrengung zu investieren sich vornehmen kann.

Nicholls (1976) fand, daß der Schamaffekt über einen Mißerfolg deutlich mit niedriger Anstrengungsattribuierung und hoher Attribuierung auf mangelnde Begabung einherging. Wenn man die Versuchspersonen jedoch befragt, ob sie lieber jemand sein wollten, der sich stark anstrengt oder einer, der über eine gute Begabungsausstattung verfügt, bevorzugten sie die hohe Begabungsausstattung. Diese Ergebnisse faßt der Autor in der zentralen Aussage seiner Untersuchung zusammen: »Anstrengung ist tugendhaft, aber es ist besser, über gute Begabung zu verfügen« (Nicholls, 1976, S. 306).

Insbesondere die Frage, ob die Begabungs- oder die Anstrengungsattribuierung deutlichere Affektkonsequenzen nach sich zieht, ist auch heute noch offen. Sehr wahrscheinlich aber ist die Frage in dieser Form zu allgemein gestellt. Man muß sicherlich in Rechnung stellen, wie »endgültig« eine Attribuierung ist, wie wichtig eine Aufgabe ist, welche Beziehung Erfolg und Mißerfolg zum Selbstwert der handelnden Person haben und schließlich ist die spezielle Art des Affekts zu berücksichtigen. Die von der Theorie angenommenen Beziehungen gelten sicherlich zunächst nur für die leistungsthematischen Affekte Stolz und Scham, die zugleich auch einen deutlichen Selbstbewertungsaspekt haben (vgl. Schmalt, 1978; Brown & Weiner, 1984). Anstrengung ist allerdings der eindeutig wichtigere Faktor gegenüber der Begabung bei der *Bewertung fremder Leistungen*, etwa wenn Lehrer die Leistungen von Schülern bewerten. Hier hängen Lob und Tadel am deutlichsten von der wahrgenommenen Anstrengung ab (Weiner & Kukla, 1970).

Diese im Bereich der Leistungsmotivationsforschung empirisch recht gut belegte Annahme von Zusammenhängen zwischen den Motivdispositionen, Attribuierungen und Affekten, vornehmlich solchen mit einem Selbstbewertungsaspekt, hat dazu geführt, das *Leistungsmotiv als ein Selbstbewertungssystem* zu konzipieren (Heckhausen, 1980). Dieses Modell baut auf der Überlegung auf, daß – aufgrund der oben geschilderten Zusammenhänge – die Erfolgsmotivierten gegenüber den Mißerfolgsmotivierten eine vergleichsweise günstigere »Selbstbewertungsbilanz« aufweisen, und zwar auch bei völlig identischen Leistungsergebnissen. Dies führt dazu, daß beide Motivgruppen beständig ihr durch voreingenommene Selbstbewertungstendenzen gekennzeichnetes Motivsystem bestätigen und damit langfristig aufrechterhalten und vor allem stabilisieren. So macht auch eine langandauernde Mißerfolgsserie aus einem Erfolgsmotivierten nicht unbedingt einen Mißerfolgsmotivierten, ebenso wie umgekehrt auch eine Erfolgsserie einen Mißerfolgsmotivierten nicht in einen Erfolgsmotivierten verwandelt. Dieses ist insbesondere zu bedenken, wenn man den Versuch unternimmt, Motivdispositionen zu verändern. Nach dem oben dargestellten Modell müßten die Attributionsmuster insbesondere Ziel solcher *Modifikationsprogramme* sein. Die auf diesem Grundgedanken aufbauenden Interventionsverfahren haben denn auch gezeigt, daß Motiväanderungen (Ängstlichkeit, Mißerfolgsfurcht) am ehesten dann erfolgversprechend sind, wenn es gelingt, durch geeignete Maßnahmen die Attributionsmuster zu verändern (Krug, 1983).

Wir hatten oben bereits gesehen (vgl. Kap. 3.5), daß Attribuierungen nicht die allgegenwärtigen Leiter und Begleiter des Handelns sind. Attribuierungen sind aber in der handlungsabschließenden Bewertungsphase von Bedeutung und auch dann, wenn eine Handlung wegen unvorhergesehener Schwierigkeiten oder wegen eines unerwarteten Mißerfolgs bei einer Teilhandlung vom Zielkurs abzugeraten droht. Das Auftreten von Ursachenzuschreibungen bei Zielabweichungen des Verhaltens kann allerdings sowohl förderliche wie auch hinderliche Auswirkungen haben. Zwar ist es, wenn man einen Mißerfolg bei einer Teilhandlung wettmachen will, hilfreich, die Ursachen für den Mißerfolg zu kennen, um weitere Bemühungen und Anstrengungen danach zu bemessen. Ursachenzuschreibungen können in dieser Phase eine sehr adaptive Funktion haben, insbesondere, wenn sie sich auf den Anstrengungsfaktor beziehen (Wong & Weiner, 1981; Weiner, 1985). Allerdings können Prozesse der Ursachensuche auch exzessiv betrieben und die damit häufig verbundenen selbstwertbezogenen Affekte mit besonderer Deutlichkeit im Erleben hervorgehoben werden, so daß sie sich wie lähmend auf die Handlungsausführung auswirken. Eine effiziente Handlung kann dann häufig schon darum nicht gelingen, weil die kognitiven Verarbeitungsmechanismen mit der Ursachensuche und dem Problem der Selbstbewertung beschäftigt sind und nicht mit der Handlungsausführung selbst. Die Wichtigkeit der Aufmerksamkeitskonzentration auf die Aufgabe selbst hat insbesondere die Willenspsychologie betont (vgl. Kap. 3.2 und 3.6). Lindworsky (1923, S. 94) spricht in diesem Zusammenhang von »der Gegenwärtighaltung der Aufgabe während ihrer Ausführung«.

Empirische Untersuchungen, die der Frage nachgegangen sind, wann denn Attribuierungen »spontan« im Erleben auftreten, sind häufig so vorgegangen, daß sie sprachliche oder schriftliche Äußerungen zu bestimmten Ereignissen auf solche Inhalte hin analysierten, die im Zusammenhang mit Ursachenzuschreibungen stehen. Lau & Russell (1980) haben aus den Tageszeitungen die Sportmitteilungen über Baseball- und Footballspiele auf Ursachenzuschreibungen hin analysiert. Sie haben getrennte Analysen berechnet für gewonnene und verlorene Spiele und für erwartete und unerwartete Spielausgänge (z. B. ein klarer Favorit verliert sein Spiel). Die Ergebnisse zeigten, daß Ursachenanalysen in den Sportberichten einsetzten vor allem nach unerwarteten Spielausgängen, und zwar unabhängig davon, ob dies ein Gewinn oder eine Niederlage war. Lau (1984) benutzte eine ganz ähnliche Methode, um den zeitlichen Verlauf von Attribuierungen zu analysieren. Er zog hierzu Sportberichte über Mannschaften heran, die im Verlaufe einer Saison veröffentlicht wurden. Im Gegensatz zu der ersten Studie zeigten sich hier nur Unterschiede in Abhängigkeit vom Ergebnis. Niederlagen wurden deutlicher ursachenanalytisch behandelt als Gewinne; eine Tendenz, die gegen Ende einer Spielsaison immer ausgeprägter wurde. Försterling & Groeneveld (1983) haben die Berichte über einen Wahlausgang auf die vorgenommenen Attribuierungen hin analysiert. Sie zogen hierzu die Berichte über die Niedersächsischen Kommunalwahlen aus dem Jahre 1981 heran. Sie fanden, daß eine verlorene Wahl zu mehr attributionaler Aktivität Anlaß gibt als eine gewonnene Wahl.

Insgesamt wird durch die bislang vorliegenden Befunde die Aussage gestützt, daß Kausalanalysen vor allem durch zwei Ereignisse in Gang gesetzt werden: das Verfehlen eines Handlungsziels und das Eintreten unerwarteter Ereignisse (Weiner, 1985).

Die letzte noch offene Frage bezieht sich darauf, ob Attribuierungen auch etwas mit konkretem Verhalten zu tun haben. Läßt sich der Nachweis führen, daß sich Verhalten in Abhängigkeit von den vorgenommenen Attribuierungen verändert? Wie die attributionstheoretische Forschung hier vorgegangen ist, kann sehr schön an einer Untersuchung von Weiner & Sierad (1975) aufgezeigt werden, die sämtliche Beziehungen des Modells umspannt und aus diesem Grunde etwas ausführlicher behandelt werden soll.

Der Grundgedanke bestand darin, die Attribuierungsvoreingenommenheiten Erfolgs- und Mißerfolgsmotivierter zu verändern, um daraus, vermittelt durch Erwartungen und Affekte, ein verändertes Leistungsverhalten vorherzusagen. Die Versuchspersonen in diesem Experiment hatten insgesamt viermal hintereinander einen Mißerfolg erlebt. Zuvor wurden die Versuchspersonen in zwei Gruppen eingeteilt. In der einen Gruppe erhielten die Versuchspersonen ein Medikament, dem eine leistungsbeeinträchtigende Wirkung zugeschrieben wurde, das aber in Wirklichkeit völlig harmlos und ohne Wirkung war (ein Placebo). Die Verabreichung eines Medikaments mit leistungsbeeinträchtigender Wirkung sollte dazu führen, daß die Versuchspersonen in dieser Gruppe ihre Mißerfolge auf den externalen stabilen Ursachenfaktor »Medikament« zurückführten. In der anderen Gruppe wurden keine Vorkehrungen getroffen, die Attribuierungen zu verändern (Standardbedingung). In dieser Gruppe wurden die für Erfolgs- und Mißerfolgsmotivierte typischen Mißerfolgsattribuierungen auf mangelnde Anstrengung bzw. mangelnde Begabung erwartet. Was bedeutet dies nun für die angenommenen vermittelnden Prozesse und die Auswirkungen auf die Leistung? Tab. 6 faßt diese Prozesse zusammen.

Betrachten wir zunächst die Mißerfolgsmotivierten. Sie sollten in der Standardbedingung die erlebten Mißerfolge auf mangelnde Begabung zurückführen. Dies sollte zu niedrigeren Erfolgswahrscheinlichkeiten und starken Schamaffekten führen. Bedingungen, die eine relativ schlechte Leistung erwarten lassen. In der Medikamentbedingung sollte der Mißerfolg auf das vom Versuchsleiter verabreichte Medikament zurückgeführt werden. Eine stabile Ursachenerklärung, die auch die nachfolgenden Erfolgserwartungen

Tab. 6: Attribuierungssequenz und die angenommenen Verhaltensauswirkungen bei Erfolgs- (EM) und Mißerfolgsmotivierten (MM) in der Standard- und Medikamentbedingung (nach Weiner & Sierad, 1975)

Motivgruppen	MM		EM	
Bedingung	Standard-bedingung	Medikament-bedingung	Standard-bedingung	Medikament-bedingung
Erfolgs-attribuierung	mangelnde Begabung	Medikament	mangelnde Anstrengung	Medikament
Erfolgs-erwartung	niedrig	niedrig	hoch	niedrig
negativer Affekt	hoch	niedrig	hoch	niedrig
Leistung	niedrig	hoch	hoch	niedrig

sinken, aber keine Schamaffekte mit ihren Selbstwertbelastungen entstehen läßt. Die Leistungen der Mißerfolgsmotivierten sollten deswegen in der Medikamentbedingung wegen der fehlenden Selbstwertbelastung besser als in der Standardbedingung sein. Die Erfolgsmotivierten hingegen sollten in der Standardbedingung Mißerfolge auf mangelnde Anstrengung zurückführen. Eine Attribuierung, die es erlaubt, die Erfolgserwartung weiter auf hohem Niveau zu halten, die aber auch negative Affekte entstehen läßt. In der Medikamentbedingung sollte das gleiche Muster von Ursachenzuschreibungen, Erwartungen und Affekten entstehen wie bei den Mißerfolgsmotivierten. Auch hier werden durch die Medikamentattribuierung die ansonsten bestehenden Unterschiede verdrängt. Die Vorhersage auf die Leistung fällt allerdings schwer. Während nämlich die eine Determinante, die Erwartung, so verändert wurde, daß sie die Leistung eher verringert, wurde die andere Determinante, der Affekt, so verändert, daß er Leistung eher begünstigt. Für eine genaue Verhaltensvorhersage wären nun Kenntnisse über die relative Wichtigkeit der Affekt- und Erwartungsvariablen bei der Verhaltensdetermination notwendig.
Es gibt eine Reihe von Hinweisen darauf, daß die Erfolgsmotivierten aus der Umwelt kommende Information genauer beachten und stärker gewichten als es die Mißerfolgsmotivierten tun. Man könnte deshalb vermuten, daß sie die Erfolgserwartungen stärker als die Affektkonsequenzen gewichten. Dann sollte die geringe Erfolgserwartung in der Medikamentbedingung die Leistung stärker senken, als daß der verringerte negative Affekt die Leistung anhebt. Diese Vorhersagen konnten in der von Weiner & Sierad (1975)

durchgeführten Untersuchung weitgehend bestätigt werden. Abb. 15 zeigt die Leistungsverbesserungen relativ zu einem Vortest unter den verschiedenen Bedingungen. In der Standardsituation zeigte sich zunächst die erwartete Leistungsüberlegenheit der Erfolgsmotivierten. Unter der Bedingung einer »entlastenden« Attribuierung in der Medikamentbedingung kehrte sich dieses um. Hier erreichten die Mißerfolgsmotivierten die eindeutig besseren Leistungen. Die Leistung verändert sich also in Abhängigkeit von den Attribuierungen, und zwar für die beiden Motivgruppen in unterschiedlicher Weise.

Untersuchungen, die in einem einzigen Ansatz die gesamte Spannbreite des Modells überprüfen, sind recht selten geblieben. Covington & Omelich (1979) berichten eine solche Untersuchung, in der sie sämtliche Modellvariablen erhoben haben und nicht nur, wie bei Weiner & Sierad (1975), deren Existenz erschlossen haben. Sie haben Studenten untersucht, die eine Prüfung als einen Mißerfolg an-

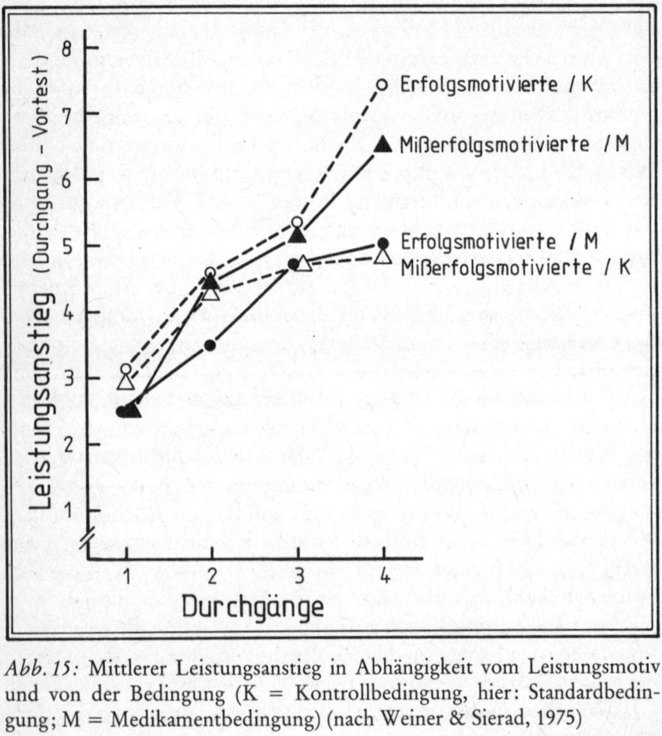

Abb. 15: Mittlerer Leistungsanstieg in Abhängigkeit vom Leistungsmotiv und von der Bedingung (K = Kontrollbedingung, hier: Standardbedingung; M = Medikamentbedingung) (nach Weiner & Sierad, 1975)

sahen und sich deshalb einer Nachprüfung unterziehen wollten. Die Analyse zeigte zwar eine ganze Reihe von theoriekonformen Beziehungen zwischen den verschiedenen Variablen, aber keine Belege für eine Beeinflussung der Prüfungsleistung, die von den Motiven über Attribuierungen Erwartungen und Affekte verläuft.

4.2 Aggression

Der Begriff Aggression bezeichnet eine ganze Reihe von Erlebnis- und Verhaltenstatbeständen. Diese schillernde Vielfalt von Phänomenen, mit denen sich die Aggressionsforschung beschäftigen muß, hat zu einer ganzen Reihe von Definitions- und Ordnungsversuchen geführt, was wiederum zur Anwendung ganz unterschiedlicher Forschungsparadigmen geführt hat (vgl. Mummendey, 1983). Aggression ist deswegen ein Thema so ganz unterschiedlicher Forschungsansätze, wie etwa der Vergleichenden Verhaltensforschung, der Neurobiologie sowie der Kognitions- und Emotionspsychologie (vgl. Schneider & Schmalt, 1981). Anders als etwa die Leistungsmotivationsforschung, die vornehmlich in der Tradition der Erwartung-Wert-Theorie stattfand, befindet sich die Aggressionsforschung im Schnittpunkt ganz unterschiedlicher Forschungstraditionen (s. o.).
Ein Thema, das zu heftigen Kontroversen angeregt hat, war die Frage, ob aggressives Verhalten von *angeborenen oder erlernten Determinanten* abhängt. Die auch in die Öffentlichkeit hineingetragene Diskussion um die Frage, Aggression: ererbt oder erlernt? wurde oftmals mit großer Verbissenheit und auch unter Einsatz von Voreingenommenheiten geführt. Diese Diskussion ist noch nicht beendet. Die empirisch orientierte Humanpsychologie hat sich auch von der Analyse dieser Frage weitgehend zurückgezogen, da ihr gegenwärtig die Methoden fehlen, um diese Frage *schlüssig* beantworten zu können. Die neurobiologische Forschung hat allerdings Hinweise darauf gegeben, daß zumindest einige spezielle Formen aggressiven Verhaltens, wie etwa die Beuteaggression, durch bestimmte Regionen im Gehirn (etwa im medialen Hypothalamus) gesteuert werden. Diese Befunde können so gedeutet werden, daß es sich hierbei wohl um erbmäßig festgelegte Steuerungsprozesse handelt.
Die moderne Aggressionsforschung hat, unter Umgehung dieser schwierigen Probleme, die auf Seiten der Person liegenden Determinanten (etwa: Motive) weitgehend vernachlässigt und sich der Analyse der situationsseitigen Determinanten zugewendet (vgl.

Abb. 1). Die Aggressionsforschung ist deshalb eine *Motivationspsychologie ohne Motive*. Da, wie wir bereits gesehen haben, eine Verhaltensanalyse unvollständig bleibt, wenn wir lediglich die objektiv vorliegenden situativen Gegebenheiten berücksichtigen, müssen wir auch die vermittelnden Prozesse kognitiver und affektiver Art mit in die Analyse einbeziehen. Eine Erkenntnis, die sich im Bereich der Aggressionsforschung in den siebziger Jahren mehr und mehr durchsetzte (vgl. Zillmann, 1983). Die Aggressionsforschung ist deshalb auch ein besonders geeignetes Beispiel, um die in Kap. 3.4 und 3.5 beschriebene »Kognitionspsychologische Wende« zu veranschaulichen.

Wir wollen hier einige Hauptströmungen der Aggressionsforschung im Humanbereich darstellen, in denen vornehmlich die situativen, emotionalen, kognitiven und lernmäßigen Voraussetzungen für das Auftreten aggressiver Verhaltensweisen behandelt werden.

Eine systematische Analyse der *situativen Bedingungsfaktoren* für aggressives Verhalten setzte mit der Formulierung der *Frustrations-Aggressions-Hypothese* (FA) ein (Dollard, Doob, Miller, Mowrer & Sears, 1939). Das grundsätzliche Postulat dieser Hypothese besagte, daß das Auftreten von aggressiven Handlungen immer an die Existenz einer vorauslaufenden Frustration gebunden ist und daß umgekehrt eine Frustration immer zu irgendeiner Form von Aggression führt. Die allgemeinen Modellvorstellungen waren die, daß eine Handlungssequenz in der Regel zu einer Zielreaktion führt, wobei das Auftreten der Zielreaktion im Sinne einer Verstärkung für die Handlungssequenz aufgefaßt wird – ganz im Sinne der damaligen triebtheoretischen Modellvorstellungen (vgl. Kap. 2.4). Die Unterbrechung einer Handlung, die das Auftreten der eigentlichen Zielreaktion verhindert, wird als Frustration aufgefaßt. Auf diese Frustration soll dann eine Aggression folgen, die als eine Verhaltenssequenz aufgefaßt wird, deren Zielreaktion die Schädigung der Person ist, auf die sie gerichtet ist.

Es wird bei dieser Definition bereits ausdrücklich von einer *Anregung* zur Schädigung gesprochen, um die hier gemeinte Form aggressiven Verhaltens von nur zufälligen oder beiläufigen Schädigungen abzugrenzen. Kognitionspsychologisch besehen handelt es sich hierbei um eine *Intention*, die bereits als Definitionsmerkmal für Aggression mitberücksichtigt ist (Kornadt, 1981, S. 24). Dieses Merkmal der intentionalen Schädigung ist ein so grundlegendes Element aggressiven Verhaltens, daß viele Definitionsversuche darauf aufbauen und das Ausmaß an Intentionalität einer

aggressiven Handlung geradezu als Grundlage für Systematisierungsversuche heranziehen (Baron, 1977; Mummendey, 1983).
Einen entscheidenden Aufschwung hat die Aggressionsforschung vor allen Dingen zwei Autoren zu verdanken: Buss und Berkowitz. Buss (1963) hatte Anfang der sechziger Jahre eine Versuchsanordnung entworfen, die es gestatten sollte, aggressionsthematische Fragen im Labor experimentell, unter kontrollierbaren Bedingungen zu überprüfen. Hierbei wird die Untersuchungssituation so gestaltet, daß jeweils zwei Personen ins Labor geholt werden. Eine Person ist »naiv«, d. h. hinsichtlich der Untersuchungsabsicht unwissend, die andere Person ist eingeweiht und ein Komplize des Versuchsleiters. Die Untersuchungssituation wird vom Versuchsleiter als eine Lernsituation dargestellt, in der die naive Versuchsperson die Rolle des »Lehrers«, die eingeweihte Versuchsperson die Rolle des Lernenden übernimmt. Durch eine entsprechende Instruktion wird nun für die naive Versuchsperson das Erzielen eines Lehrerfolgs wichtig gemacht etwa dadurch, daß man einen Geldpreis dafür in Aussicht stellt. Der Lehrerfolg wird jedoch durch den eingeweihten Mitarbeiter vereitelt. Dieses Ereignis soll für die naive Versuchsperson eine Frustration darstellen, nämlich ». . . die Blockierung einer gelernten instrumentellen oder konsumatorischen Handlung. Sie (die Frustration, Anm. d. Verf.) wird hergestellt durch die Etablierung eines Handlungsziels und dadurch, daß das instrumentelle Verhalten, das zur Zielerreichung führt, gestört wird« (Buss, 1963, S. 2).
Die naive Versuchsperson hat nun die Möglichkeit, die Lernleistung der zweiten Versuchsperson durch das Verabreichen von elektrischen Stromstößen, die in der Intensität variiert werden können, zu beeinflussen, indem sie bei auftretenden Fehlern mit mehr oder minder starken Stromstößen eingreift. Das Austeilen von Stromstößen (die natürlich das Opfer nicht tatsächlich erreichen) erfüllt die Definition von Aggression, nämlich »das Austeilen schmerzvoller oder schädlicher Reize an einen anderen Organismus« (Buss, 1963, S. 3). Dieses allgemeine experimentelle Paradigma und die hierbei verwendete »Aggressionsmaschine« (von Milgram entwickelt), mit der ein nach Intensität abgestuftes Austeilen von Stromstößen und damit auch eine exakt quantifizierbare Messung der Aggressionsstärke ermöglicht wird, haben die laborexperimentelle Erforschung aggressiven Verhaltens maßgeblich beeinflußt.
Allerdings sah sich diese Forschung auch mit einem kritischen Einwand konfrontiert, nämlich mit der Frage, ob denn das Austeilen von Stromstößen bei diesem Vorgehen tatsächlich als Schädigung

gemeint ist, d. h. ob das Handlungsziel in einer *intendierten Schädigung* besteht oder nicht (Tedeschi, Smith & Brown, 1974). Es wäre ja durchaus denkbar, daß mit dem Austeilen von Stromstößen letztlich eine ganz andere Absicht als die der Schädigung verfolgt wird, etwa die Lernleistung zu verbessern oder nur Informationen über falsche Resultate zu liefern. Eine solche Form von aggressivem Verhalten, das zwar auch eine andere Person schädigt, aber darüber hinausgehende Handlungsziele verfolgt, wird als *»instrumentelle« Aggression* bezeichnet. Hier wird eine Schädigung einer anderen Person eingesetzt, weil sie für die Erreichung anderer Handlungsziele dienlich, d. h. instrumentell ist (Feshbach, 1970).

Einen Fall, in dem selbst extrem schädigende und schmerzhafte Stromstöße verabreicht wurden, ohne daß eine Schädigungsabsicht vorlag, schildert Milgram (1974) in seinen berühmt gewordenen Untersuchungen zum Thema *»Aggression auf Befehl«*. Milgram benutzte eine dem Bussschen Paradigma ähnelnde Methode, jedoch mit einer wichtigen Abwandlung. Die Versuchspersonen konnten die zu verabreichenden Stromstärken nicht frei wählen, sondern wurden durch Anordnungen des Versuchsleiters mehr oder weniger dazu gezwungen. Der Versuchsleiter begründete seine Befehle zur Austeilung extrem schmerzhafter und gefährlicher Stromstöße mit dem Hinweis auf den dadurch zu erwartenden wissenschaftlichen Fortschritt. Die Ergebnisse dieser Untersuchungen zeigten, daß die Versuchspersonen in ihrer überwiegenden Mehrheit bereit waren, auf Aufforderung durch den Versuchsleiter Stromstärken zu verabreichen (max. 450 Volt), von denen sie mit Sicherheit annehmen mußten, daß diese die Gesundheit der Opfer in extremer Weise gefährdeten, vielleicht sogar zum Tode führten. Die Versuchspersonen taten dies häufig nicht ohne Anzeichen von großer Erregung und emotionaler Belastung, aber sie taten es. Vor allem auch dann, wenn der Versuchsleiter selbst die Verantwortung für das Geschehen übernahm. Hier handelt es sich offenbar um Aggression auf Befehl aber ohne konkrete Schädigungsintention.

Einer der wohl einflußreichsten theoretischen Beiträge stammt von Berkowitz (1962, 1983). Ihm gelingt es, die Aggressionsforschung aus der engen Klammer der ursprünglichen FA-Hypothese zu befreien, indem er daran wesentliche Änderungen vornimmt. Er nimmt an, daß eine Frustration nicht automatisch zu einer Aggression führt, sondern zunächst nur zu einer *emotionalen Reaktion*, wie z. B. Wut oder Ärger, die ihrerseits die Bereitschaft, aggressiv zu reagieren, erhöht. Aggressive Verhaltensweisen treten dann auf, wenn in der Situation zusätzlich bestimmte *Hinweisreize* für aggressive Handlungen vorliegen, die in irgendeiner Weise auf jene

Auslösemomente bezogen sind, die ursprünglich Wut oder Ärger hervorgerufen haben. Unter bestimmten Gegebenheiten sind solche situativen Hinweisreize auch geeignet, ein Anreizmoment für die Auslösung einer gelernten aggressiven Handlung darzustellen, ohne daß in der konkreten Situation eine Frustration vorliegt (s. u.).

Bei diesen von Berkowitz beschriebenen aggressiven Verhaltensweisen dürfte es sich um Aggressionen mit einer starken emotionalen – impulsiven – Komponente handeln. Sie wird deshalb häufig als *Ärger-Aggression* bezeichnet und ist ganz wesentlich durch das Emotionserlebnis des Ärgers determiniert (vgl. Averill, 1982; Berkowitz, 1983).

Die aggressionsfördernde Wirkung situativer Hinweisreize konnte in einer ganzen Serie von Untersuchungen nachgewiesen werden. Sie zeigten, daß Versuchspersonen, die frustriert, provoziert und verärgert worden waren, mit besonders intensiven Aggressionen reagierten, wenn sie mit aggressionsfördernden Hinweisreizen konfrontiert wurden – etwa durch das Anschauen eines Films mit aggressivem Inhalt – und wenn zusätzlich Assoziationen zwischen diesem Film und der frustrationsauslösenden Situation hergestellt wurden. Viel Aufmerksamkeit hat auch die Analyse von aggressionsauslösenden Hinweisreizen bei einem Untersuchungsgegenstand gefunden, den man als »Waffen-Effekt« bezeichnet hat. Das erste Experiment in diesem Zusammenhang wurde von Berkowitz & LePage (1967) durchgeführt. Es zeigte sich hier, daß allein der Anblick von Waffen die Aggressionsbereitschaft von zuvor frustrierten und verärgerten Versuchspersonen erhöhen kann. Die verläßliche Auslösung eines solchen Waffen-Effekts scheint jedoch von einer ganzen Reihe zusätzlicher Faktoren abzuhängen, die bislang kaum abgeklärt sind.

Der Ärgeraffekt hat sich auch in einer Reihe von anderen Untersuchungen als eine bedeutsame Klammer erwiesen, mit deren Hilfe es gelingt, ganz verschiedenartige Befunde innerhalb eines einzigen theoretischen Bezugsrahmens zu erklären. Es zeigte sich nämlich, daß viele Situationsfaktoren, die nicht unmittelbar als Frustration aufzufassen sind, das Auftreten aggressiver Verhaltensweisen begünstigen. So zeigte sich beispielsweise, daß hohe Temperaturen aggressive Verhaltensweisen beeinflussen vor allem dann, wenn man sich ihnen nicht entziehen kann. *Hitze* schafft ein außerordentlich explosives Klima, das den Ausbruch kollektiver Gewalt und Kriminalität fördert. Eine solche Annahme wird durch eine Untersuchung von Carlsmith & Anderson (1979) gestützt. Sie fanden für den Analysezeitraum von 1967 bis 1971 in den USA einen

Zusammenhang zwischen der Wahrscheinlichkeit eines städtischen Aufruhrs und der Tagestemperatur.

Ein anderer solcher Situationsfaktor ist *Lärm*. Auch Lärm steigert deutlich die Bereitschaft, aggressiv zu reagieren, insbesondere dann, wenn dieser Lärm nicht beherrschbar und kontrollierbar ist. Geen (1978) konnte einen solchen Effekt nachweisen. Seine Versuchspersonen wurden zunächst von einer anderen Person attakkiert (frustriert) und hatten dann die Möglichkeit zu einer Vergeltungsaggression. Während sie diese Möglichkeit hatten, wurden sie mit Lärm beschallt. Eine Gruppe konnte diesen Lärm abschalten, eine andere nicht. Es zeigte sich hier, daß diejenigen Versuchspersonen, die den Lärm nicht abschalten konnten, also keine Kontrolle ausüben konnten, deutlich aggressiver waren als diejenigen, die Kontrolle über das Einsetzen des Lärms ausüben konnten und diejenigen, die gar keinem Lärm ausgesetzt wurden.

Ein dritter Situationsfaktor, der Aggression begünstigt, ist eine *»drangvolle Enge«*, wenn nämlich zu viele Menschen auf zu engem Raum zusammengedrängt sind. Auch solche Situationsfaktoren setzen die Schwelle für aggressive Verhaltensweisen herab.

Alle drei Umgebungsfaktoren – Hitze, Lärm und Enge – werden häufig auch zu den »Stressoren« des täglichen Lebens gezählt. Sie stellen unangenehme Ereignisse dar, die insbesondere unter der Bedingung, daß man sie selber nicht beeinflussen kann, eine negative Emotionslage herbeiführen. Solche negativen Emotionen können genügen, um Aggression entstehen zu lassen oder ihr Auftreten doch zumindest zu begünstigen (Berkowitz, 1983).

Insbesondere die sozial-lerntheoretische Konzeption der Aggressionsforschung hat diese und ähnliche Befunde zum Anlaß genommen, die FA-Hypothese zu liberalisieren, indem sie annimmt, daß Frustration nur *eine von vielen möglichen Ursachen* für aggressives Verhalten ist. Allen bislang bekannten Faktoren, die das Auftreten von aggressiven Verhaltensweisen fördern, ist ein Element gemeinsam: Sie stellen für den Organismus einen unangenehmen Zustand dar. Dieser unangenehme Zustand führt zu einer emotionalen Erregung, die ihrerseits wiederum eine ganze Reihe von Folgen nach sich zieht. Eine davon ist Aggression (vgl. Tab. 7). Ob nun Aggression tatsächlich auftritt, soll von zumindest drei Dingen abhängen: 1. von der kognitiven Bewertung der emotionalen Erregung und ihrer Ursachen, 2. den gelernten Verhaltensweisen, die für den Umgang mit unangenehmen Situationen zur Verfügung stehen und 3. der relativen Wirksamkeit dieser Verhaltensweisen für die Überwindung der unangenehmen Situation.

Wie man aus alltäglichen Beobachtungen weiß, unterscheiden sich

Tab. 7: Auslösende Bedingungen, vermittelnde Variablen und Verhaltenskonsequenzen für das sozial-lerntheoretische Modell der Aggression (nach Bandura, 1983)

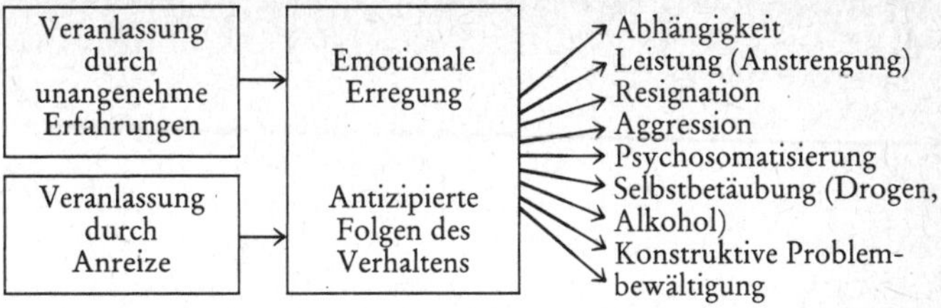

die Menschen darin, wie sie auf solche unangenehmen Situationen reagieren. Einige bemühen sich um Unterstützung, wenden sich hilfesuchend an ihre Umgebung, andere vermehren ihre Anstrengung oder resignieren, werden aggressiv, sie legen sich ein psychosomatisches Leiden zu oder verfallen dem Alkohol. Einige wenige sind auch mit einer konstruktiven Problemlösung beschäftigt (vgl. Tab. 7).

Neben diesem Motivationsmechanismus, der den Organismus gewissermaßen durch das unangenehme Ereignis »antreibt«, gibt es noch einen zweiten Mechanismus, der aggressives Verhalten dadurch motiviert, indem die positiven Konsequenzen, die nach einem aggressiven Verhalten auftreten werden, zeitlich vorwegnehmend vorgestellt werden. Erwartete positive Konsequenzen »lokken« den Organismus in eine bestimmte Richtung. Instrumentelle Aggressionen und das oben bereits beschriebene Phänomen von »Aggression auf Befehl« sind hier anzusiedeln. Vor allem sind es aber aggressiv handelnde *Modelle und »Vorbilder«*, wie sie heutzutage in den Medien vor allem in Film und Fernsehen allgegenwärtig sind, die nachgeahmt werden. Dies geschieht vor allem dann, wenn sich eine aggressive Handlung »auszahlt«, d. h. wenn sie von positiven Konsequenzen begleitet wird. Sie verheißen dann auch entsprechende positive Konsequenzen für eigenes aggressives Handeln (Bandura, 1983). Wir kommen darauf zurück.

Ein neuer wichtiger Forschungszweig hat sich mit der Frage nach dem spezifischen *Zusammenhang zwischen Emotionen und nachfolgendem aggressiven Verhalten* beschäftigt. Hierbei ist zunächst die Frage in allgemeiner Form gestellt worden, ob denn eine unspezifische emotionale Erregung aggressionsfördernd wirkt oder ob es eine spezifische emotionale Erregung in der Form von Wut oder Ärger sein muß, die aggressionsauslösend wirkt (vgl. Rule & Nesdale, 1976; Zillmann, 1983). Bei diesen Untersuchungen ging es insbesondere um die Beziehungen zwischen einer generellen emotionalen (physiologischen) Erregung und den speziellen emotionalen Erlebnissen in der Form von Ärgeraffekten sowie um die Beziehungen dieser beiden Komponenten, einzeln und auch in Kombination, zu aggressiven Verhaltensweisen.

Was die Untersuchungen zu dem ersten Problemschwerpunkt anlangt, so vollzog sich die Forschung auf dem Hintergrund der von Schachter (1964) formulierten *»Zwei-Faktoren-Theorie«* der Emotionsentstehung (vgl. Kap. 3.5). Danach beruhen konkrete emotionale Erfahrungen zum einen auf unspezifischen Erregungen, zum anderen auf kognitiven Aktivitäten, die diese Erregungen interpretieren und dadurch zu konkreten Emotionserlebnissen führen. Wenn die aus diesem Verarbeitungsprozeß resultierende Emotion ein Ärgeraffekt ist, sollte er in der oben beschriebenen Weise die Beziehung zwischen Frustration und Aggression beeinflussen. Die in diesem Zusammenhang durchgeführten Untersuchungen sind in der Regel so vorgegangen, daß sie Erregungen auf verschiedenen Wegen hervorriefen und ihren Versuchspersonen unterschiedliche Interpretationen dafür anboten.

In einer der ersten Untersuchungen zu diesem Problem haben Geen, Rakosky & Pigg (1972) den Versuchspersonen Stromstöße verabreicht, während sie sexuell anregende Geschichten lasen. Darüber hinaus erhielten sie ein Placebo, das angeblich eine anregende Wirkung haben sollte. In drei verschiedenen Bedingungen wurden die Versuchspersonen nun dazu gebracht, ihre Erregung in jeweils spezifischer Weise zu interpretieren. Sie sollten ihre Erregung nämlich auf die Stromstöße, auf die erotische Geschichte oder auf das Medikament zurückführen. In Übereinstimmung mit den Erwartungen wurde eine Erregung, die als sexuelle oder durch das Medikament bedingt interpretiert wurde, nicht als Ärgeraffekt erlebt und führte auch nur in geringem Umfang zu aggressiven Verhaltensweisen. Wenn die Erregung jedoch mit den erlittenen Stromstößen in Verbindung gebracht wurde, wurde deutlicher Ärgeraffekt erlebt und mit gesteigerter Aggressivität reagiert.

Zillmann & Bryant (1974) haben in ihren Versuchspersonen unterschiedliche Erregungsniveaus erzeugt, indem sie sie einmal mit einer einfachen Wurfspielaufgabe beschäftigten (niedrige Erregung) oder sie zum Fahrradfahren aufforderten (hohe Erregung). Danach nahmen die Versuchspersonen an einem Spiel teil, in dessen Verlauf sie verärgert und provoziert oder neutral behandelt wurden. Die Ergebnisse dieser Untersuchung zeigten, daß die nach einer Provokation einsetzenden Aggressionen durch ein allgemein hohes unspezifisches Erregungsniveau (Fahrradfahren) wesentlich intensiviert werden konnten. Man kann diesen Effekt erklären, wenn man annimmt, daß die Versuchspersonen ihre Erregung fehlattribuierten und nicht mit dem Fahrradfahren, sondern mit der erlittenen Provokation in Verbindung brachten. Unter dieser Bedingung sollte ein intensiver Ärgeraffekt erlebt werden, der seinerseits dann günstige Bedingungen für das Auftreten aggressiver Handlungen schafft.

Die Bedeutung, die kognitive Prozesse, insbesondere Prozesse der Ursachenzuschreibung, in diesem Rahmen gewonnen haben, hat auch das Interesse an einer anderen kognitiven Einstellgröße wiederbelebt: den *wahrgenommenen Intentionen*. Diese spielen vor allem dann eine Rolle, wenn man selber Opfer einer aggressiven Handlung wurde, also geschädigt wurde, und bei der Abwägung geeigneter Gegenmaßnahmen sich zunächst die Frage stellen muß, ob diese Schädigung beabsichtigt oder nicht beabsichtigt war oder gar nur zufällig zustande gekommen ist. Es wird generell erwartet, daß eine Aggression, die als beabsichtigt angesehen wird, mit starker Gegenaggression beantwortet wird.

Dyck & Rule (1978) haben hierzu ein einfallsreiches Experiment durchgeführt, das von dem Grundgedanken ausgeht, daß bei einer erlittenen Schädigung Überlegungen darüber angestellt werden, ob diese Schädigung beabsichtigt war oder nicht. Der Schluß, daß eine Schädigung beabsichtigt war, ist zwingend, wenn es hierfür keine situative Erklärung und keine Erklärung, die in der eigenen Person liegt, gibt (wenn man den Aggressor etwa selber verärgert oder provoziert hat). Diese Hypothesen fanden volle Unterstützung. Vergeltungsaggressionen sind insbesondere dann ausgeprägt, wenn die ursprüngliche Aggression von dem abweicht, was in dieser Situation »normalerweise« erwartet werden kann, wenn es also keine situative Erklärung gibt und auch dann, wenn es weder einen Grund gibt, die gegen sich gerichtete Aggression etwa als eine »gerechte Strafe« noch durch eine ärgerliche Verstimmung des Aggressors, die man selbst herbeigeführt hat, zu erklären. Bei solchen Aggressionen, die in einer bestimmten Situation eher ungewöhnlich sind und für die es anscheinend keine Begründung in der eigenen Person gibt, liegt also der Schluß nahe, daß es sich hier um eine Aggression mit Schädigungsintention handelt. Sie wird mit deutlicher Gegenaggression beantwortet.

Ferguson & Rule (1983) haben auf der Grundlage solcher Befunde ein allgemeines Modell entworfen, das sich allerdings auf eine besondere Form aggressiven Verhaltens, nämlich auf *Vergeltungsaggression* bezieht. Sie meinen, daß Ärgeraffekte und nachfolgende

Vergeltungsaggression davon abhängen, inwieweit ein Aggressor für einen angerichteten Schaden »kausal-verantwortlich« gehalten wird. Ein Aggressor wird für kausal-verantwortlich für seine Tat gehalten in Abhängigkeit davon, ob die Schädigung nur zufällig oder intentional, also absichtlich erfolgte, ob diese Absichten wohlwollender oder bösartiger Art waren und ob die eingetretene Schädigung vorhersehbar war oder nicht.

Ein Forschungsfeld, das in der jüngsten Vergangenheit viel Aufmerksamkeit auf sich gezogen hat, betrifft das Verhältnis von *Aggression und Sexualität*. Die für viele vielleicht überraschende Vermutung eines Zusammenhangs zwischen beiden Motivationsformen hat jedoch mehrere Gründe*:

1. Beiden Motivationsformen ist eine *Erregungskomponente* gemeinsam. In aller Regel sind die Bedingungen, die eine aggressive oder sexuelle Erregung herbeiführen, so eindeutig, daß reine aggressions- oder sexualthematische Motivationsformen entstehen. Oftmals aber sind Bedingungen gegeben, in denen, wie wir schon gesehen haben, Erregungen »interpretiert« werden müssen, um zur Motivation der einen oder anderen Art beizutragen. Wenn solche Erregungen nun fehlinterpretiert werden, kann es zum »Überspringen« in den einen oder anderen Motivationszyklus kommen.

   Solche Befunde die zeigen, daß eine durch sexuelle Anregungsbedingungen (etwa ein erotischer Film) entstandene Erregung die Aggressionsbereitschaft steigern kann (zusammenfassend: Donnerstein, 1983), können sehr gut mit der von Zillmann (1979) entwickelten *Erregungs-Transfer-Theorie* erklärt werden. Diese Theorie nimmt einen dualen Verarbeitungsprozeß an, der aus einer physiologischen Erregungskomponente und einer kognitiven Komponente besteht. Physiologische Erregungen bauen sich relativ langsam ab. Sie sind noch wirksam, auch wenn die Bedingungen, unter denen sie entstanden sind, nicht mehr wahrgenommen werden und können dann über die Situation, in der sie ursprünglich entstanden sind, hinauswirken. Sie können dann eine neue kognitive Interpretation erfahren und in ein gänzlich anderes Motivationsgeschehen eingebunden werden.

   Interessanterweise verläuft der Erregungstransfer zwischen Aggression und Sexualität nicht in beiden Richtungen. Während ein Transfer von der Sexualität zur Aggression recht gut belegt

---

* In den triebtheoretischen Formulierungen Freuds tauchen ähnliche Vermutungen auf (vgl. Kap. 2.1).

ist, gibt es für einen Erregungstransfer von der Aggression zur Sexualität bislang keinen überzeugenden Beleg (Kelley, Miller, Byrne & Bell, 1983).

2. Auch auf der Verhaltensebene gibt es Hinweise für den oftmals sehr engen Zusammenhang von Aggression und Sexualität, wie etwa der Exzeß einer *Vergewaltigung* belegt (Krahé, 1985).
3. Auch im Erleben gibt es ein häufig zu beobachtendes Zusammenhangmuster von *sexuellen und aggressiven Fantasieinhalten*. So fanden Hariton & Singer (1974), daß ihre weiblichen Versuchspersonen häufig über das Auftreten aggressiver Themen in ihren Fantasievorstellungen berichteten, die das Sexualverhalten begleiten. Arndt, Foehl & Good (1985) haben die sexualthematischen Fantasievorstellungen von Männern und Frauen systematisch analysiert. Sie fanden bei beiden Gruppen deutlich ausgeprägte aggressive Komponenten in sexuellen Fantasievorstellungen.

Im Rahmen der Aggressionsforschung haben Probleme dieser Art in den letzten Jahren zunehmend Beachtung gefunden. Insbesondere ist die Frage untersucht worden, ob denn nicht die gehäuft anzutreffenden aggressiven Themen in erotischen oder pornographischen Darstellungen das Risiko einer aggressiven Handlung, allgemein oder speziell gegen Frauen gerichtet, erhöht. Eine erste experimentelle Analyse dieser Zusammenhänge stammt von Donnerstein (1980). In dieser Untersuchung, die nach der bereits bekannten von Buss (1961) entwickelten Vorgehensweise durchgeführt wurde, wurden männliche Versuchspersonen entweder verärgert oder neutral behandelt, und zwar von einem männlichen und in einer anderen Bedingung von einem weiblichen Mitarbeiter des Versuchsleiters. Danach hatten sie Gelegenheit, drei verschiedene Filme zu sehen. Einer hatte einen neutralen Inhalt, einer hatte einen sexuellen Inhalt und der letzte hatte zusätzlich eine aggressive Komponente (eine Vergewaltigungsszene). In der dritten Phase des Experiments hatten nun die Versuchspersonen Gelegenheit, den Mitarbeiter des Versuchsleiters für Falschlösungen bei einer Aufgabe mit Stromstößen zu attackieren. Die Ergebnisse zeigten, daß der aggressiv-erotische Film gegenüber den anderen beiden Filmen zu deutlich ausgeprägterer Aggression anregte, allerdings nur dann, wenn sie gegen Frauen gerichtet war. Dies zeigte sich unabhängig davon, ob die Versuchspersonen Grund hatten, verärgert zu sein oder nicht. Auch Frauen, die sich neutral gegenüber den Versuchspersonen verhalten hatten, wurden nun Opfer starker Aggressionen.

Der erste Befund kann leicht in dem von Berkowitz (1974) beschriebenen Modell (s.o.) erklärt werden. Diese Theorie macht ja insbesondere auf die Rolle von spezifischen Hinweisreizen aufmerksam. Die Assoziation der weiblichen Mitarbeiterin des Versuchsleiters mit dem Vergewaltigungsopfer in der Filmdarstellung haben sie möglicherweise zum Auslöser für gegen sie gerichtete Aggressionen werden lassen. Der zweite Befund, daß nämlich auch ohne Ärgeraffekt eine deutlich erhöhte Aggression zu beobachten ist, ist mit dem von Bandura (vgl. Tab. 7) geschilderten Vorgang des Modellernens zu erklären.

Eine Erweiterung dieses Untersuchungsansatzes nahmen Donnerstein & Berkowitz (1981) vor. Sie variierten vor allem den Film mit dem aggressiv-erotischen Inhalt, indem sie ihn in einer Version zeigten, in der das Opfer der Attacke die Vergewaltigung offensichtlich genußreich erlebte (ein weit verbreiteter »Vergewaltigungsmythos«), in einer zweiten Version wurde die Vergewaltigung von dem Opfer mit Widerwillen und Abscheu erlebt. Die nachfolgend an die männlichen oder weiblichen Mitarbeiter ausgeteilten Stromstöße sind in Abb. 16 wiedergegeben. Hier zeigte sich, daß die verschiedenen Versuchsbedingungen keinen Einfluß auf Aggressionen hatten, die sich gegen Männer richteten. Es wird aber deutlich, daß der aggressiv-erotische Film zu stärkeren Aggressionen gegenüber Frauen führte insbesondere dann, wenn das im Film dargestellte Opfer mit dem Vergewaltigungsakt offensichtlich einverstanden war. Unter dieser Bedingung kam es auch dann zu einer erhöhten Aggressionsneigung, wenn die Versuchspersonen überhaupt nicht verärgert wurden.

Neben den praktischen Schlußfolgerungen, die aus diesen Befunden zu ziehen sind, ergeben sich auch theoretisch weitreichende Konsequenzen. Die Befunde stehen nämlich weder mit der Annahme eines Erregungstransfers noch mit der Annahme von Fehlattribuierungen von Erregungen in Einklang. Darüber hinaus wird deutlich, daß auch ein Ärgeraffekt kein notwendiger Vermittler für Aggression darstellt, denn es gibt in diesen Untersuchungen keine nennenswerten Unterschiede in der Aggressionsbereitschaft von verärgerten und nicht verärgerten Versuchspersonen. Die Befunde können recht gut innerhalb des sozial-lerntheoretischen Ansatzes von Bandura (1973, 1983) erklärt werden. Nach dieser Ansicht reduziert der Film mit dem »positiven« Ausgang bestehende Hemmungen gegen das Ausüben aggressiver Handlungen. Die im Film enthaltene Botschaft, daß die Frau mit der Vergewaltigung einverstanden war und sie genoß, weist darauf hin, daß die Aggression – aus der Sichtweise des Attackierenden – eine positive Konsequenz gehabt hat. Dies könnte dann zu der Erwartung führen, daß sich

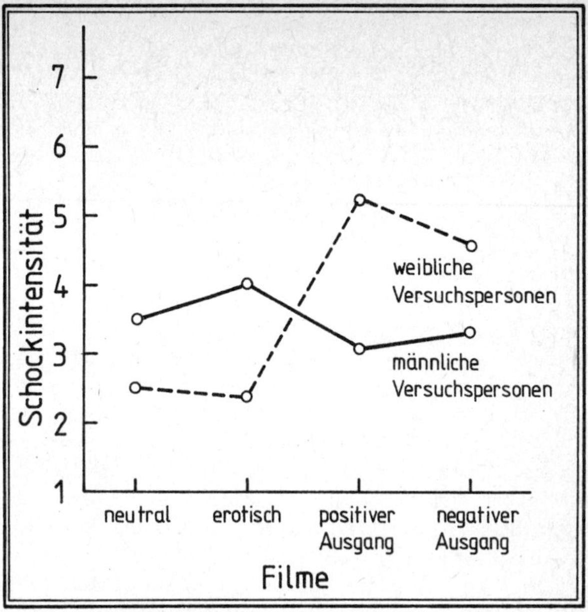

Abb. 16: Mittlere Schockintensität bei weiblichen und männlichen Versuchspersonen in den verschiedenen Filmbedingungen (nach Donnerstein & Berkowitz, 1981)

auch für ihn selbst eine Aggression gegen Frauen »lohnt«, daß sie also ebenso positive Konsequenzen haben wird wie in der Filmdarstellung gesehen. Wir hätten es dann hier mit einer Form von Anreizmotivation zu tun, in der eine ganz spezifische Form von instrumentell-aggressivem Verhalten wegen der antizipierten positiven Konsequenzen unternommen wird (vgl. Tab. 7).

4.3 Gelernte Hilflosigkeit

W. Basedow, ein bekannter deutscher Völkerkundler und Physiologe, bereiste in der ersten Hälfte unseres Jahrhunderts Australien. Er berichtet in seinem Buch »Der Australische Eingeborene« (Basedow, 1925) von einem höchst bemerkenswerten Vorgang, der in den Schilderungen weltreisender Abenteurer seit etwa dem 16. Jahrhundert immer wieder einmal erscheint. Es ist dies das Phänomen des scheinbar unerklärlichen plötzlichen Todes von Eingeborenen, die sich gegen ein Tabu vergangen haben und nun vom Medizinmann ihres Stammes verbannt und von der Stammeszugehörigkeit ausgeschlossen werden. Was auch immer sie unternehmen, sie sind von nun an schutzlos der Macht und Willkür böser Dämonen ausgesetzt. Ein solcher Eingeborener verfällt körperlich in kürzester Zeit, er nimmt keine Nahrung mehr zu sich und ist nicht selten ohne nachweisbare körperliche Ursachen innerhalb von 24 Stunden ein toter Mann. Er ist dem »Voodoo-Tod« erlegen.

Cannon (1942) war wohl der erste, der diese Schilderungen ernst nahm und sich um eine wissenschaftliche Aufhellung bemühte. Er hielt es für wahrscheinlich, daß es in den beschriebenen Fällen von Voodoo-Tod zu extremen Angstzuständen gekommen sei, die zu einer langandauernden und intensiven Aktivierung des sympathischen Nervensystems und damit zu permanenter Adrenalin-Ausschüttung führten. Dies sollte zu einem Abfall des peripheren Blutdrucks, Verringerung des Blutplasmas und verminderter Sauerstoffanreicherung des Blutes führen. Das Herz schlägt schneller und schneller und geht schließlich in den Zustand der Dauerkontraktion über: Tod in Systole durch Tachykardie (beschleunigter Herzschlag).

Fünfzehn Jahre später hat Richter (1957) das Thema des plötzlichen, unerklärlichen Todes erneut aufgegriffen. Anlaß hierzu war eine eher zufällige Beobachtung, die er in seinem Labor machte, als er sich mit den Ausdauerleistungen von wild lebenden, aggressiven Ratten beschäftigte. Hierzu mußten an den Tieren bestimmte Manipulationen vorgenommen werden, die es erforderlich machten, das Tier für kurze Zeit in die Hand zu nehmen und es somit seiner Bewegungsmöglichkeiten zu berauben. Normale Tiere sind ausdauernde Schwimmer. Setzt man sie in ein Wasserbecken, aus dem es keinen Ausweg gibt, so sind sie bis zu 60 Stunden aktiv, ehe sie schließlich untergehen und ertrinken. Überraschend war, daß die zuvor angefaßten Tiere schon nach wenigen Minuten aufhörten zu schwimmen. Sie gingen unter und ertranken.

Richter vermutet, daß diesem Phänomen ein ähnlicher Mechanismus zugrunde liegen könnte, wie dem von Cannon beschriebenen Voodoo-Tod. Er hat die Experimente deshalb unter kontrollierten Bedingungen wiederholt und zusätzlich physiologische Daten erhoben. Entgegen den Vermutungen Cannons fand sich aber bei den plötzlich sterbenden Tieren kein beschleunigter, sondern ein verlangsamter Herzschlag. Der Herzschlag endete bei Eintritt des Todes in der Diastole. Erwartungsgemäß zeigte eine Autopsie der gestorbenen Tiere ein mit sauerstoffreichem Blut angefülltes Herz. Dies deutet darauf hin, daß die Tiere einem Vagus-Tod, also einer

Übererregung des parasympathischen und nicht des sympathischen Nervensystems erlagen. Richter (1957, S. 196) meint, die Situation der bewegungslos festgehaltenen und dann ins Wasser gesetzten Ratten sei durch *Hoffnungslosigkeit* gekennzeichnet. Die Ratten scheinen im wörtlichen Sinne »aufzugeben« und unternehmen nichts mehr, was ihr Überleben sichert, ganz wie es der Eingeborene tut, der sich einem unabänderlichen Schicksal, gegenüber dem er machtlos ist, ausgeliefert sieht.

Wiederum 10 Jahre später beschäftigte sich die Psychologie erneut mit diesem Thema und wieder war es der Zufall, der die Aufmerksamkeit darauf lenkte. Seit den klassischen Untersuchungen von Miller (1941) ist bekannt, daß Versuchstiere schmerzvolle Reize zu vermeiden versuchen und dann, wenn sie solchen Reizen ausgesetzt sind, große Anstrengungen unternehmen, ihnen zu entgehen. Man hat dies theoretisch dadurch zu erklären versucht, daß man annahm, der schmerzvolle Reiz (bzw. auch schon dessen Ankündigung durch einen Hinweisreiz) erzeuge Furcht. Diese Furcht soll nun funktionieren wie ein Trieb im Sinne Hulls (1943) und Verhalten motivieren können. Verhalten, das geeignet ist, den schmerzvollen Reiz zu vermeiden, wird motiviert durch Furcht, und das Verhalten selber wird bekräftigt dadurch, daß die Furcht reduziert wird, wenn man sich von den schmerzhaften Reizen fernhält. Furcht ist also ein nur ganz kurzfristig und flüchtig auftretendes emotionales Geschehen (vgl. Kap. 2.4).

Eine Gruppe von amerikanischen Forschern, insbesondere Bruce Overmier und Martin Seligman, waren aber gerade daran interessiert. Sie kamen deshalb auf die Idee, die Tiere mit denen sie arbeiteten festzuschnallen, während sie ihnen schmerzhafte Stromstöße verabreichten. Sie haben Hunde in eine Art Geschirr eingespannt, das den Tieren keinerlei Bewegungsmöglichkeiten gab und haben ihnen dann eine Reihe von unausweichlichen, mäßig schmerzhaften elektrischen Stromstößen in zufälliger Abfolge verabreicht. 24 Stunden später bekamen die Tiere bei freier Bewegungsmöglichkeit 10 durch ein Lichtsignal angekündigte Schocks, denen sie jedoch durch einen Sprung über eine Barriere entgehen konnten.

Normale, unbehandelte Versuchstiere lernten nach einer anfänglichen Phase der Unsicherheit und Agitiertheit sehr schnell, dem Schock aus dem Wege zu gehen, während Versuchstiere, die zuvor die unausweichlichen Schocks erhielten, zunächst auch sehr agitiert herumliefen, sich dann aber ruhig hinlegten und winselnd bis zu 60 sec andauernde Stromstöße ertrugen, ohne sich von der Stelle zu rühren. Einige Tiere starben auch. Dieses ist der klassische und oftmals beobachtete Befund, der von Overmier & Seligman (1967,

S. 33) mit *»Gelernte Hilflosigkeit«* bezeichnet worden ist*. Die im Labor gewonnenen Befunde zeigten, daß ein Organismus, der eine für ihn unkontrollierbare Schädigung erfährt, ein motivationales Defizit aufweist, das ihn daran hindert, angesichts eines erneuten traumatischen Ereignisses in effizienter Weise zu reagieren. Selbst wenn er handelt und hierbei erfolgreich ist, vermag er von dieser Lernerfahrung nicht zu profitieren (kognitives Defizit). Darüber hinaus ist der emotionale Haushalt gestört: Depressionen und Ängste überwiegen im Erleben (emotionales Defizit) (Seligman, 1975, S. 22–23).

Hier ist der wichtigste Faktor, der ursächlich für die Entstehung von Gelernter Hilflosigkeit verantwortlich ist, bereits umrissen, nämlich ein unkontrollierbares Ereignis. Gelernte Hilflosigkeit entsteht, wenn der Organismus lernt, daß die Wahrscheinlichkeit, daß ein bestimmtes Handlungsergebnis als Folge seines Tuns auftritt, gleich groß ist egal, ob er eine Handlung unternimmt oder nicht. Dies wird theoretisch beschrieben als *nicht vorhandene Kontingenz* zwischen eigenem Handeln und dem Handlungsergebnis. Anders gesagt: Zwischen dem Handeln und den sich anschließenden Handlungsergebnissen gibt es keinerlei erkennbaren Zusammenhang. Diese Nicht-Kontingenz stellt gewissermaßen die objektive Grundlage für das Auftreten von Gelernter Hilflosigkeit dar. Die Entstehung von Hilflosigkeit wird jedoch vermittelt durch zwei weitere Prozesse, nämlich durch das Erlebnis von *Kontrollverlust* und durch *generalisierte Erwartungen,* daß auch in Zukunft und auch in anderen Bereichen die Dinge nicht zu kontrollieren sind. Nach diesen Modellvorstellungen geht die Entstehung von Hilflosigkeit also von einer Situation objektiver Nicht-Kontingenz aus. Diese läßt ein Erlebnis von Kontrollverlust entstehen, was wiederum zu der generalisierten Erwartung, die Dinge seien unkontrollierbar, führt. Diese generalisierte Erwartung zieht dann schließlich die bereits erwähnten motivationalen, emotionalen und kognitiven Defizite nach sich, die das Wesen von Gelernter Hilflosigkeit ausmachen.

Die hier herangezogenen theoretischen Beschreibungs- und Erklärungsbegriffe lassen bereits erahnen, daß das Modell auch Erklä-

---

* Es ist ganz reizvoll, darauf aufmerksam zu machen, daß auch in den klassischen Experimenten von Miller (1941) eine Reihe von Versuchstieren nicht lernten, den schmerzhaften Schocks zu entgehen, sondern apathisch die Schocks über sich ergehen ließen. Man hat diesem Sachverhalt damals jedoch keine große Beachtung geschenkt. Man hätte sonst das Phänomen der Gelernten Hilflosigkeit 30 Jahre früher »entdecken« können.

rungswert im Humanbereich besitzt. In der Tat hat man nach einer ganzen Reihe von tierexperimentellen Untersuchungen auch den Versuch unternommen, Gelernte Hilflosigkeit beim Menschen nachzuweisen. Natürlich mußte im Humanbereich zunächst das experimentelle Vorgehen geändert werden. Man ging häufig so vor, daß man die Versuchspersonen mit unlösbaren kognitiven Aufgaben konfrontierte und ihnen dann »Richtig«- oder »Falsch«-Rückmeldungen gab. Ein solches Verfahren, bei unlösbaren Aufgaben Richtig- und Falsch-Rückmeldungen zu geben, soll der Verabreichung von unausweichlichen elektrischen Stromstößen formal vergleichbar sein, weil in beiden Fällen die Wahrscheinlichkeit des Eintritts des einen oder des anderen Ereignisses (Richtig/Falsch) völlig unabhängig vom Handeln ist. Das ist objektive Nicht-Kontingenz (Hiroto & Seligman, 1975, S. 313). Es wird vorhergesagt, daß sich dadurch ein Erlebnis von Kontrollverlust und eine generalisierte Erwartung auf zukünftigen Kontrollverlust einstellt, die dann in den bekannten Defiziten resultieren sollten.

Ein erstes, klassisch gewordenes Experiment, in dem ein solcher Nachweis gelungen ist, haben Hiroto & Seligman (1975) durchgeführt. In dieser Untersuchung ging es zunächst um den Nachweis von Hilflosigkeit im Humanbereich. Darüber hinaus sollte die spezielle Annahme der *Erwartungsgeneralisierung* überprüft werden. Wie wir ja bereits gesehen haben, war es besonders die Übertragung der Erwartung von Kontrollverlust auf andere, neuerartige Situationen, die die Neugierde der Forscher geweckt und zu besonderen Erklärungsansätzen herausgefordert hatte.

Die Autoren gingen so vor, daß sie zwei verschiedene Aufgabentypen heranzogen, nämlich einmal Aufgaben mit einer bewegungsmäßig-motorischen Komponente (mot) und zum anderen kognitiv (kog) beanspruchende Problemlöseaufgaben. Die Versuchspersonen, die an der motorischen Aufgabe arbeiteten und diejenigen, die an der kognitiven Aufgabe arbeiteten, erfuhren nun Nicht-Kontingenz und wurden nachfolgend noch einmal mit dem gleichen Aufgabentyp (kog - kog bzw. mot - mot) oder mit dem jeweils anderen Aufgabentyp (kog - mot; mot - kog) konfrontiert. Versuchspersonen, die also zunächst mit kognitiv beanspruchenden Aufgaben konfrontiert wurden und hier Nicht-Kontingenz erfuhren, arbeiteten nun an der motorischen Aufgabe und umgekehrt. Sie sind die eigentlich interessanten Versuchspersonen. Würde sich bei ihnen eine Auswirkung der Nicht-Kontingenz bei einer völlig neuen und andersartigen Aufgabe aufzeigen lassen?

Von den vielen von Hiroto & Seligman (1975) berichteten Befunden, die einen solchen Übertragungseffekt belegen, sei hier einer herausgegriffen und näher erläutert. Es sind die Daten der Versuchspersonen, die zunächst an den kognitiven Aufgaben saßen und hierbei Nicht-Kontingenz erfuhren. Diese Versuchspersonen erhielten nach einem vorher festgelegten Muster Richtig- oder Falsch-Rückmeldungen unabhängig von dem, was sie als Lösung nannten. In der nachfolgenden motorischen Aufgabe mußten die Versuchspersonen lernen, durch entsprechende Bewegungen an einem Knopf einen lauten Ton zu vermeiden, der durch einen Lichtreiz angekündigt wurde oder ihn wenn er auftrat, möglichst rasch abzustellen. Die in Abb. 17 dargestellten Befunde zeigen die Anzahl von Lerndurchgängen, die die Versuchspersonen benötigten, bis sie die Vermeidungsreaktion beherrschten. Zusätzlich sind hier die Daten von Versuchspersonen dargestellt, die an lösbaren Aufgaben des gleichen Typs arbeiteten und gleichviele Richtig- und Falsch-Rückmeldungen erhielten wie die Versuchspersonen der ersten Gruppe, allerdings hier *in Abhängigkeit von ihren Handlungen,* ob sie nämlich die richtige Lösung gefunden hatten oder nicht. Beide Gruppen von Versuchspersonen erfuhren also einen gleichen Anteil von Richtig- und Falsch-Rückmeldungen, die erste Gruppe

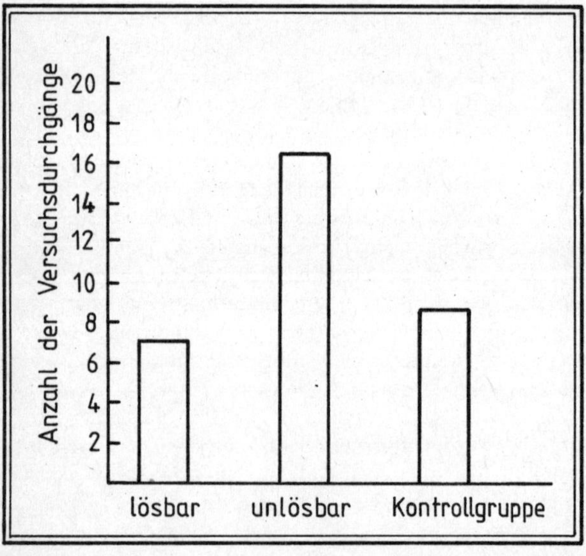

Abb. 17: Mittlere Anzahl von Versuchsdurchgängen bei einer motorischen Aufgabe, wenn die Versuchspersonen Nicht-Kontingenz bei einer kognitiven Aufgabe erfuhren (nach Hiroto & Seligman, 1975)

jedoch unabhängig von ihren Handlungen (Nicht-Kontingenz), die zweite Gruppe abhängig von ihren Handlungen (Kontingenz). Abb. 17 zeigt die Lernleistungen dieser beiden Gruppen zusätzlich noch in Relation zu einer unbehandelten Kontrollgruppe. Wie man dort sehen kann, brauchten die Versuchspersonen aus der Nicht-Kontingenz-Gruppe etwa doppelt soviel Lerndurchgänge bis zur Beherrschung der Vermeidungsreaktion wie die beiden anderen Gruppen. Dieses ist das kognitive Defizit der Gelernten Hilflosigkeit.

Nachfolgeuntersuchungen konnten einen so deutlichen Beleg für die beeinträchtigenden Auswirkungen nicht-kontingenter aversiver Ereignisse nicht durchgängig finden. Eine Reihe von Untersuchungen fanden gar keinen Effekt, einige Untersuchungen sogar einen »umgekehrten« Hilflosigkeitseffekt. Nachdem Versuchspersonen Nicht-Kontingenz erfahren hatten, steigerten sie ihre Leistungsbemühungen sogar (zusammenfassend: Roth, 1980). Diese uneinheitliche Befundlage wurde zum Anlaß genommen, das Modell in einigen Teilen genauer zu fassen. Die Präzisierung der Theorie gelang insbesondere durch Einfügung von Konzepten, die die kognitive Motivationspsychologie (vgl. Kap. 3.4 und 3.5) bereits vorher entwickelt hatte.

Es waren zwei Probleme, die nun genauer beschrieben werden konnten. Wie wir uns erinnern, behauptete die ursprüngliche Theorie, daß eine Situation objektiver Nicht-Kontingenz zunächst zu dem subjektiven Gefühl des Kontrollverlusts führen sollte. Nach vorliegenden Befunden kommt es dazu jedoch nicht unmittelbar und auch nicht automatisch. So führt in vielen Fällen eine Nicht-Kontingenz zu gesteigerten Leistungsbemühungen (sog. *»Reaktanz«);* solange man daran glaubt, daß das Problem, an dem man arbeitet, zwar noch einige Schwierigkeiten macht; man hat die Lösung noch nicht gefunden, aber grundsätzlich ist das möglich. Erst wenn der Glauben daran, das Problem noch bewältigen zu können, verlorengeht, sollte sich das Gefühl des Kontrollverlusts und Hilflosigkeit einstellen. Es sollte also, in Abhängigkeit von den *wahrgenommenen Ursachen für die Nicht-Kontingenz* zunächst zu einem Anstieg (Reaktanz), dann erst zu einem Nachlassen der Leistungsbemühungen (Hilflosigkeit) kommen (Wortman & Brehm, 1975).

In einer einfallsreichen Versuchsanordnung sind Tennen & Eller (1977) den Auswirkungen unterschiedlicher Attribuierungen für nicht-kontingente Rückmeldungen auf nachfolgendes Leistungsverhalten nachgegangen. Sie haben ihre Versuchspersonen in zwei Versuchsgruppen an einer relativ kurzen Folge von lösbaren und

unlösbaren Begriffsbildungsaufgaben arbeiten lassen und haben damit jeweils kontingente und nicht-kontingente Mißerfolge induziert. Dies entspricht der üblichen experimentellen Vorgehensweise. Zwei zusätzliche Versuchsgruppen erhielten zeitlich ausgedehnte, nicht-kontingente Mißerfolgsserien. In einer Gruppe wurden die Aufgaben angeblich immer leichter, was zu einer Attribuierung auf »mangelnde Fähigkeit« führen sollte. In der anderen Gruppe wurden die Aufgaben angeblich immer schwieriger, was zu einer Attribuierung auf »hohe Aufgabenschwierigkeit« führen sollte.
Die Vorhersagen, die die Autoren machten, waren differenzierter als diejenigen, die die alte Form der Theorie gemacht hatte. Tennen & Eller (1977) vermuteten, daß Versuchspersonen, die nur einer kurz andauernden Serie nicht-kontingenter Mißerfolge ausgesetzt sind, ihre nachfolgende Leistung bei einer anderen Aufgabe eher verbessern als verschlechtern, weil sie Mißerfolge stärker auf variable Ursachenfaktoren zurückführen können und grundsätzlich davon überzeugt sind, daß das Problem zu lösen sein wird. Versuchspersonen, die unter zeitlich ausgedehnten, nicht-kontingenten Mißerfolgserfahrungen arbeiten, sollten sich hinsichtlich ihrer nachfolgenden Leistung unterscheiden, je nach den nahegelegten Attribuierungen. Die Leistung sollte absinken bei leichter werdenden Aufgaben (Attribuierung auf mangelnde Fähigkeit), während bei schwerer werdenden Aufgaben (Attribuierung auf hohe Aufgabenschwierigkeit) keine nachteiligen Effekte bei einer nachfolgenden neuen Aufgabe auftreten sollten, weil die Attribuierung an den Aufgabentyp gebunden ist und in einer neuen Situation keine Rolle mehr spielen sollte. Diese Vorhersagen konnten sämtlich recht gut bestätigt werden. Allerdings bleibt in dieser Untersuchung noch ungeklärt, warum die Aufgabenattribuierung an eine bestimmte Aufgabe gebunden ist und nicht auf andere übertragen, also generalisiert wird, während die Fähigkeitsattribuierung auf neue Aufgaben übertragen wird.
Diese Schwierigkeiten verweisen auf das zweite obengenannte Problem. Es ist die Frage nach der *Übertragbarkeit von Erfahrungen.* Diesem Sachverhalt wurde in dem alten Modell durch die Annahme der Erwartungsgeneralisierung Rechnung getragen. Aber Erwartungen generalisieren nicht so ohne weiteres. Dieses Problem wurde in einer Neufassung der Theorie von Abramson, Seligman & Teasdale (1978), die im wesentlichen auf den wahrgenommenen Ursachen der Nicht-Kontingenz aufbaut, zu lösen versucht. Die Neufassung der Theorie greift auf das bereits bekannte Heider-Weiner-Schema zurück (vgl. Tab. 4), fügt dem aber noch eine dritte

Dimension, nämlich die Dimension »global-spezifisch« hinzu. Danach können dann die wahrgenommenen Ursachen entweder stabil oder variabel, internal oder external und schließlich global oder spezifisch sein. Die spezielle Form der Modellkonstruktion sieht nun so aus, daß die unterschiedlichen Attribuierungen für unkontrollierbare Ereignisse den *Generalisierungsgrad der Erwartungen* bestimmen. Von diesen Erwartungen hängen dann Art, Umfang und Chronizität der Erlebnis- und Verhaltensdefizite ab (Abramson et al., 1978, S. 59).

Die Globalität von Ursachenzuschreibungen entscheidet darüber, ob es sich bei den beobachteten Defiziten um Phänomene handelt, die auf einige wenige Situationen beschränkt bleiben oder – im Extremfall – den gesamten Lebensbereich eines Individuums umfassen. Die Stabilität der Ursachenzuschreibung bestimmt das Ausmaß der Chronizität der Gelernten Hilflosigkeit, also wie lange sie bestehen bleibt. Die Personabhängigkeit schließlich bestimmt das Ausmaß selbstwertbelastender Emotionen.

Die Autoren schenken allerdings den Affekten kaum Aufmerksamkeit in diesem Zusammenhang. Wie ja aus anderen Bereichen der Attributions- und Motivationsforschung bekannt ist, können Emotionen, insbesondere die Selbstbewertungsemotionen, weitgehend von Ursachenzuschreibungen determiniert sein. So wäre denkbar, daß eine nicht-kontingente Rückmeldung der beschriebenen Art als Mißerfolg wahrgenommen wird, der dann, im Zusammenhang mit den vorgenommenen Attribuierungen, das Auftreten selbstwertbelastender Kognitionen und Emotionen begünstigt. Man denkt so sehr über sich selber nach, man hadert mit sich selbst, daß kaum kognitive Kapazität übrig bleibt, sich mit den Aufgabenanforderungen auseinanderzusetzen. Es kann also unter diesen Umständen zu einem Hilflosigkeitsdefizit kommen, das nicht auf den von Seligman vermuteten motivationalen oder lernmäßigen Defiziten beruht, sondern eher darauf, daß der kognitive Apparat sich mit den falschen Dingen – etwa mit der Selbstbewertungsproblematik – und nicht mit den Aufgabenanforderungen beschäftigt. Das sind die sogenannten *»aufgabenirrelevanten«* Kognitionen, auf deren Vorherrschen die Testangsttheorie auch die verminderte Leistungsfähigkeit hoch Ängstlicher zurückführt, unter der Bedingung, daß die Aufmerksamkeit auf diesen Selbstbewertungsaspekt gelenkt wird (Sarason, 1975; Wine, 1982). Dieses ist ein Sachverhalt, der die Handlungssteuerung betrifft. Wir haben dies bereits unter willenspsychologischer Perspektive erörtert (vgl. Kap. 3.6).

Die hier gemachten Ausführungen legen es nahe, auch nach unterschiedlichen Hilflosigkeitseffekten in Abhängigkeit von der Motivausprägung zu suchen. Attributionsmuster, wie sie hier für das Auftreten von Gelernter Hilflosigkeit zur Voraussetzung gemacht werden – also insbesondere stabile, internale und globale Attribuierung (mangelnde Begabung) – sind ja auch typisch für Personen, die in hohem Maße durch »Furcht vor Mißerfolg« gekennzeichnet sind (vgl. Kap. 4.1). Andererseits sollte gerade das vergleichsweise »günstigere« Attributionsmuster der Erfolgsmotivierten wie eine Art »Immunisierung« gegen das Erlebnis von Kontrollverlust und Gelernter Hilflosigkeit wirken. Eine Annahme, die bereits eine empirische Bestätigung gefunden hat (Jardine & Winefield, 1981).

Die Gelernte Hilflosigkeit gehört sicherlich zu jenen Teilgebieten der Motivationspsychologie, die in den letzten Jahren ein gesteigertes Forschungsinteresse auf sich gezogen haben. Dennoch gibt es eine ganze Reihe von noch ungelösten Problemen. Das erste Problem betrifft die Frage, ob denn das für die Entwicklung von Gelernter Hilflosigkeit notwendige Ereignis die Nicht-Kontingenz ist oder ob es das aversive Ereignis (z. B. Mißerfolg) oder ob es schließlich eine Mischung aus beiden ist. Seligman (1975, S. 98) hatte deutlich die Nicht-Kontingenz für die Entstehung von Gelernter Hilflosigkeit verantwortlich gemacht und folgerichtig auch nach nicht-kontingenten positiven Ereignissen Hilflosigkeit vorhergesagt. Dieser Annahme fehlt aber zumindest im Humanbereich noch eine unzweideutige Unterstützung (Abramson, Garber & Seligman, 1980).

In der Tat scheinen viele laborexperimentelle Untersuchungen nicht deutlich zwischen Nicht-Kontingenz und der Aversivität von Ereignissen (Mißerfolg) unterschieden zu haben (Coyne, Metalsky & Lavelle, 1980). Untersuchungen, die versucht haben, die Wirkung beider Dinge getrennt zu erfassen, haben keine klaren Erkenntnisse gebracht (Tiggemann, Barnett & Winefield, 1983). Immerhin haben die großen Ähnlichkeiten der laborexperimentellen Vorgehensweise und auch die formalen und inhaltlichen Ähnlichkeiten der vermittelnden Prozesse – gemeint sind die Attribuierungen – zu einer Annäherung an die Leistungsmotivationsforschung geführt (Weiner & Litman-Adizes, 1980; Dweck & Wortman, 1982). Ob hieraus neue Perspektiven entstehen oder ob alles auf bereits Bekanntes zurückgeführt werden kann, bleibt abzuwarten.

Ein weiteres Problem betrifft das Kontrollkonzept bzw. das Erlebnis des Kontrollverlusts. Es wird von vielen Autoren betont, daß Kontrolle ein ganz zentrales Bedürfnis des Menschen und vielleicht sogar der höher organisierten Tiere darstellt. Der Verlust von Kontrolle wird als ein äußerst aversiver Zustand erlebt, der zu einer ganzen Reihe von Erlebnis- und Verhaltensweisen und auch körperlichen Reaktionen führt, von denen wir hier in der Hilflosigkeit nur ein einziges kennengelernt haben. Eine vergleichende Übersicht über die Forschung zeigt, daß nicht vorhandene Kontrolle eine ganze Reihe weiterer Zustände, wie Frustration, Aggression, Angst, Stress und auch Depression nach sich ziehen kann (Schwarzer, 1982; Laux, 1983). Seligman (1975) selbst hatte bereits darauf hingewiesen, daß die Entstehung von Depressionen auf den gleichen Mechanismus zurückgeführt werden kann wie bei der Gelernten Hilflosigkeit. Die Depression wurde aufgefaßt als eine extreme Form von Hilflosigkeit, die gewissermaßen in alle Lebensbereiche hineingedrungen ist. Es wird eine Aufgabe für die zukünftige Forschung sein, diese verschiedenen Zustände deutlicher voneinander abzugrenzen und jene vermittelnden Prozesse aufzudecken, die für ihre Entstehung verantwortlich sind.

5. Schlußbemerkungen

Wir sind nunmehr am Ende unseres Streifzuges durch die Motivationspsychologie angelangt. Wir haben hierbei Theorien ganz unterschiedlicher Art gesichtet; Theorien, die jedoch in ihrem zugrundeliegenden Anspruch ein gleiches Anliegen haben, nämlich eine Erklärung für die Zielausrichtung des Verhaltens zu geben. Sämtliche Theorien gehen hierbei von einem Grundmodell aus, das ganz allgemein gesehen drei Bestandteile hat:

a) eine gegenwärtige Lage, die es zu verändern gilt,
b) eine zukünftige Lage, die es zu erreichen gilt,
c) eine Handlung, die die Überführung von a in b möglichst sicherstellt, es sei denn, daß Widerstände dies verunmöglichen.

Die elaborierten Formen der Triebtheorie und der Erwartung-Wert-Theorie haben diesen Sachverhalten, allerdings mit etwas unterschiedlichen Schwerpunktsetzungen aber mit Hilfe von Konstrukten Rechnung getragen, die man ineinander überführen kann (vgl. McClelland, 1985).

Die Dynamik des Motivationsgeschehens bei der Herausbildung einer Motivationstendenz, die zunächst nur auf das *Wünschbare* ausgerichtet ist, kann mit Hilfe des Zusammenwirkens von Person- und Situationsfaktoren, hier von Motiven und Trieben auf der einen und Anreizen auf der anderen Seite, beschrieben werden. Die Triebtheorie versucht, neben dem Problem der Zielausrichtung auch das der Energetisierung zu lösen und nahm hierfür innerorganismische Defizitzustände an, die beseitigt werden müssen. Eine Annahme, die den Gültigkeitsbereich dieser Theorie sehr einschränkt, auch wenn man annimmt, daß sich auf einen solchen Mechanismus »sekundäre« gelernte Motivationen auflagern. Erwartung-Wert-Theorien machen keine solche Annahme und gehen nur von dispositionellen Neigungen und Voreingenommenheiten bei der Wertbesetzung bestimmter Person-Umwelt-Konstellationen aus.

Soweit zu dem, was Wünschbar ist. Aber es muß auch gehandelt werden, um ein wünschbares Ziel zu erreichen. Es müssen dementsprechend auch Aussagen über das *Machbare* in einer gegebenen Situation theoretisch dargestellt werden. Einige frühe willenspsychologische Ansätze und auch die Triebtheorie vertrauten auf Lernmechanismen bei der Auswahl von Handlungen: Es kommt jene Handlung zur Ausführung, die mit der jeweils gegebenen Situation am stärksten assoziativ verknüpft ist. Die Erwartung-Wert-Theorie ist weniger konkret, was die Angabe spezifischer Handlungen zur Zielerreichung betrifft. Sie nimmt hier eine Erwartung

an, die sich auf die Wahrscheinlichkeit der Zielerreichung bezieht. Beide theoretischen Konstrukte, die Erwartung und die Gewohnheit, beziehen sich auf das, was in einer Situation getan werden kann, auf die Handlung also, die der Zielerreichung dient. Die Triebtheorie hatte die Annahme einer Unabhängigkeit von Trieb und Gewohnheit gemacht. Erwartung-Wert-Theorien, insbesondere in der von Atkinson (1964) vorgeschlagenen Form, haben in ihren Formulierungen das Wünschbare und das Machbare voneinander abhängig gemacht und dann gemeinsam als Determinanten der Handlung eingesetzt. So wird ein Kompromiß zwischen diesen beiden unterschiedlichen Komponenten geschaffen.
Modellbildungen dieser Art haben einen hohen Erklärungswert bei der Herausbildung von Motivationstendenzen bzw. auch bei der Herausbildung eines konkreten Handlungsziels. Theorien, die sich auf die Handlung selbst, insbesondere auf die Handlungsausführung angesichts widriger Umstände beziehen, sind unter willenspsychologischer Perspektive behandelt worden. Diese Form der Theorie bezieht sich auf das zu *Machende*. Ihre Integration in eine allgemeine Motivationstheorie wird sicherlich noch eine Aufgabe für die Zukunft sein (Heckhausen, in Vorb.).
Modellbildungen der Art, wie wir sie hier dargestellt haben, haben sich fast ausnahmslos nicht nur mit den objektiven inneren und/oder äußeren Bedingungen für Motiviertes beschäftigt, sondern sind auch den *vermittelnden Prozessen* nachgegangen. Emotionale und kognitive Vorgänge haben in diesem Zusammenhang eine zunehmende Bedeutung gewonnen. Keine der wichtigen zeitgenössischen Theorien scheint auf die Annahme kognitiver und emotionaler Zwischenprozesse bei der Verhaltenserklärung zu verzichten.
Die Beschäftigung mit diesen Vermittlungsprozessen hat auch ein anderes – bereits betagtes – Thema der Psychologie, nämlich das der Bewußtheit aktualisiert. Mehr oder weniger unausgesprochen ging man davon aus, daß die in Frage stehenden emotionalen und kognitiven Verhaltensdeterminanten bewußt sind oder doch zumindest unter bestimmten Umständen bewußt gemacht werden können. Eine Annahme, die sehr wahrscheinlich zu weit greift. Einige neuere Ansätze gehen deshalb dahin, emotionale und kognitive Prozesse doppelt auszulegen und nicht bewußte und bewußte (erlebnismäßige) Vermittlungsprozesse getrennt voneinander zu behandeln (vgl. Schmalt & Heckhausen, in Vorb.). Die systematische Erkundung jener Determinanten, die sich einem bewußten, erlebnismäßigen Zugriff entziehen, dürfte ein besonders anregendes Thema für die Motivationsforschung der Zukunft sein (Epstein, 1983; Marcel, 1983; Mandler, 1984).

Literaturverzeichnis

Abramson, L. Y., Garber, J. & Seligman, M. E. P. Learned helplessness in humans: An attributional analysis. In J. Garber & M. E. P. Seligman (Hg.) Human helplessness. Theory and applications. New York: Academic Press, 1980, 3–34.

Abramson, L. Y., Seligman, M. E. P. & Teasdale, J. D. Learned helplessness in humans: Critique and reformulation. Journal of Abnormal Psychology, 1978, 87, 49–74.

Ach, N. Über die Willenstätigkeit und das Denken. Göttingen: Vandenhoeck und Ruprecht, 1905.

Ach, N. Über den Willensakt und das Temperament. Leipzig: Quelle und Meyer, 1910.

Ach, N. Analyse des Willens. In E. Abderhalden (Hg.) Handbuch der biologischen Arbeitsmethoden, Bd. VI. Berlin: Urban & Schwarzenberg, 1935.

Alloy, L. B. & Tabachnik, N. Assessment of covariation by humans and animals: The joint influence of prior expectations and current situational information. Psychological Review, 1984, 91, 112–149.

Anderson, C. A. Imagination and expectation: The effect of imagining behavioral scripts on personal intentions. Journal of Personality and Social Psychology, 1983, 45, 293–305.

Appley, M. H. Derived motives. Annual Review of Psychology, 1970, 21, 485–518.

Arndt, W. B. jr., Foehl, J. C. & Good, F. E. Specific sexual fantasy themes: A multidimensional study. Journal of Personality and Social Psychology, 1985, 48, 472–480.

Atkinson, J. W. Motivational determinants of risk-taking behavior. Psychological Review, 1957, 64, 359–372.

Atkinson, J. W. An introduction to motivation. Princeton, N. J.: Van Nostrand, 1964.

Averill, J. R. Anger and aggression. An essay on emotion. New York: Springer, 1982.

Bandura, A. Aggression: A social learning analysis. Englewood Cliffs, N. J.: Prentice-Hall, 1973.

Bandura, A. Psychological mechanisms of aggression. In R. G. Geen & E. I. Donnerstein (Hg.) Aggression. Theoretical and empirical reviews. Vol. 1: Theoretical and methodological issues. New York: Academic Press, 1983, 1–40.

Bandura. A. & Cervone, D. Self-evaluative and self-efficacy mechanisms governing the motivational effects of goal systems. Journal of Personality and Social Psychology, 1983, 45, 1017–1028.

Baron, R. A. Human aggression. New York: Plenum, 1977.

Basedow, H. The Australian aboriginal. Adelaide, Australia, 1925.

Bash, K. W. Contribution to a theory of the hunger drive. Journal of Comparative Psychology, 1939, 28, 137–160.

Becker-Carus, C. Motivationale Grundlagen der Nahrungs- und Flüssigkeitsaufnahme. In H. Thomae (Hg.) Enzyklopädie der Psychologie. Psychologie der Motive. Göttingen: Hogrefe, 1983, 12–69.

Berkowitz, L. Aggression: A social psychological analysis. New York: McGraw-Hill, 1962.

Berkowitz, L. External determinants of impulsive aggression. In J. De-Wit & W. W. Hartup (Hg.) Determinants and origins of aggressive behavior. The Hague: Mouton, 1974, 147–165.
Berkowitz, L. The experience of anger as a parallel process in the display of impulsive, »angry« aggression. In R. G. Geen & E. I. Donnerstein (Hg.) Aggression. Theoretical and empirical reviews. Vol. 1: Theoretical and methodological issues. New York: Academic Press, 1983, 103–133.
Berkowitz, L. & LePage, A. Weapons as aggression-eliciting stimuli. Journal of Personality and Social Psychology, 1967, 7, 202–207.
Bierhoff, H. W. & Bierhoff-Alfermann, D. Kognitive Prozesse im Motivationsgeschehen: Attributionen als Ursachenerklärungen von Handlungen. In H. Thomae (Hg.) Enzyklopädie der Psychologie. Theorien und Formen der Motivation. Göttingen: Hogrefe, 1983, 93–226.
Bolles, R. C. Theory of motivation. New York: Harper and Row, 1967.
Bolles, R. C. Reinforcement, expectancy, and learning. Psychological Review, 1972, 79, 394–409.
Bolles, R. C. Cognition and motivation: Some historical trends. In B. Weiner (Hg.) Cognitive views of human motivation. New York: Academic Press, 1974, 1–20.
Bower, G. H. & Cohen, P. R. Emotional influences in memory and thinking: Data and theory. In M. S. Clark & S. T. Fiske (Hg.) Affect and cognition. The Seventeenth Annual Carnegie Symposium on Cognition. Hillsdale, N. J.: Erlbaum, 1982, 291–331.
Brown, J. & Weiner, B. Affective consequences of ability versus effort ascriptions: Controversies, resolutions, and quandaries. Journal of Educational Psychology, 1984, 76, 146–158.
Buss, A. H. The psychology of aggression. New York: Wiley, 1961.
Buss, A. H. Physical aggression in relation to different frustrations. Journal of Abnormal and Social Psychology, 1963, 67, 1–7.
Cannon. W. B. The wisdom of the body (2nd ed.). New York: W. W. Norton & Company, Inc., 1939.
Cannon, W. B. »Voodoo« death. American Anthropologist, 1942, 44, 169–181.
Carlsmith, J. M. & Anderson, C. A. Ambient temperature and the occurrence of collective violence: A new analysis. Journal of Personality and Social Psychology, 1979, 37, 337–344.
Carver, C. S., Blaney, P. H. & Scheier, M. F. Focus of attention, chronic expectancy, and responses to a feared stimulus. Journal of Personality and Social Psychology, 1979, 37, 1186–1195.
Carver, C. S. & Scheier, M. F. Self-focused attention in test anxiety: A general theory applied to a specific phenomenon. In H. M. van der Ploeg, R. Schwarzer & C. D. Spielberger (Hg.) Advances in test anxiety research, Vol. 3. Lisse: Swets and Zeitlinger, 1984, 3–20.
Cofer, C. N. Motivation and Emotion. Glenview, Ill.: Scott, Foresman and Company, 1972.
Covington, M. V. & Omelich, C. L. Are causal attributions causal? A path analysis of the cognitive model of achievement motivation. Journal of Personality and Social Psychology, 1979, 37, 1487–1504.
Coyne, J. C., Metalsky, G. I. & Lavelle, T. L. Learned helplessness as experimenter-induced failure and its alleviation with attentional redeployment. Journal of Abnormal Psychology, 1980, 89, 350–357.
Crespi, L. P. Quantitative variation of incentive and performance in the white rat. American Journal of Psychology, 1942, 55, 841–861.

Darwin, Ch. On the origin of species by means of natural selection. London: John Murray, 1859.
Dashiell, J. F. Fundamentals of objective psychology. Boston: Houghton-Mifflin, 1928.
Dollard, J., Doob, L., Miller, N. E., Mowrer, H. O. & Sears, R. R. Frustration and aggression. New Haven: Yale University Press, 1939.
Donnerstein, E. I. Aggressive erotica and violence against women. Journal of Personality and Social Psychology, 1980, 39, 269–277.
Donnerstein, E. I. Erotica and human aggression. In R. G. Geen & E. I. Donnerstein (Hg.) Aggression. Theoretical and empirical reviews. Vol. 2: Issues in research. New York: Academic Press, 1983, 127–154.
Donnerstein, E. I. & Berkowitz, L. Victim reactions in aggressive erotic films as a factor in violence against women. Journal of Personality and Social Psychology, 1981, 41, 710–724.
Duffy, E. Leeper's »Motivational theory of emotion . . .«. Psychological Review, 1948, 55, 324–328.
Dunlap, K. Elements of scientific psychology. St. Louis: Mosby, 1922.
Duval, S. & Wicklund, R. A. A theory of objective self-awareness. New York: Academic Press, 1972.
Dweck, C. S. & Wortman, C. B. Learned helplessness, anxiety, and achievement motivation: Neglected parallels in cognitive, affective, and coping responses. In H. W. Krohne & L. Laux (Hg.) Achievement, stress and anxiety. Washington: Hemisphere Publishing Corporation, 1982, 93–125.
Dyck, R. J. & Rule, B. G. Effect on retaliation of causal attributions concerning attack. Journal of Personality and Social Psychology, 1978, 36, 521–529.
Ebbinghaus, H. Abriß der Psychologie. Berlin: de Gruyter & Co., 1920.
Epstein, S. The unconscious, the preconscious, and the self-concept. In J. Suls & A. G. Greenwald (Hg.) Psychological perspectives on the self. Vol. 2. Hillsdale, N. J.: Erlbaum, 1983, 219–247.
Feather, N. T. The relationship of persistence at a task to expectation of success and achievement-related motives. Journal of Abnormal and Social Psychology, 1961, 63, 552–561.
Ferguson, T. J. & Rule, B. G. An attributional perspective on anger and aggression. In R. G. Geen & E. I. Donnerstein (Hg.) Aggression. Theoretical and empirical reviews. Vol. 1: Theoretical and methodological issues. New York: Academic Press, 1983, 41–74.
Feshbach, S. Aggression. In P. H. Mussen (Hg.) Carmichael's Manual of Child Psychology (Vol. 2). New York: Wiley, 1970, 159–259.
Festinger, L. A theoretical interpretation of shifts in level of aspiration. Psychological Review, 1942, 49, 235–250.
Fischhoff, B., Goitein, B. & Shapira, Z. The experienced utility of expected utility approaches. In N. T. Feather (Hg.) Expectations and actions: Expectancy-value models in psychology. Hillsdale, N. J.: Erlbaum, 1982, 315–339.
Foersterling, F. & Groeneveld, A. Ursachenzuschreibungen für ein Wahlergebnis: Eine Überprüfung von Hypothesen der Attributionstheorie in einer Feldstudie anhand der Niedersächsischen Kommunalwahl. Zeitschrift für Sozialpsychologie, 1983, 262–269.
Freud, S. Drei Abhandlungen zur Sexualtheorie (1905). Gesammelte Werke, Bd. V. Frankfurt: Fischer.
Freud, S. Das Unbewußte (1915a). Gesammelte Werke, Bd. X. Frankfurt: Fischer.

Freud, S. Triebe und Triebschicksale (1915b). Gesammelte Werke, Bd. X. Frankfurt: Fischer.
Freud, S. Vorlesungen zur Einführung in die Psychoanalyse (1917). Gesammelte Werke, Bd. XI. Frankfurt: Fischer.
Freud, S. Jenseits des Lustprinzips (1920). Gesammelte Werke, Bd. XIII. Frankfurt: Fischer.
Freud, S. Das Ich und das Es (1923). Gesammelte Werke, Bd. XIII. Frankfurt: Fischer.
Geen, R. G. Effects of attack and uncontrollable noise on aggression. Journal of Research in Personality, 1978, 12, 15–29.
Geen, R. G., Rakosky, J. J. & Pigg, R. Awareness of arousal and its relation to aggression. British Journal of Social and Clinical Psychology, 1972, 11, 115–121.
Gibbons, F. X. & Wicklund, R. A. Self-focused attention and helping behavior. Journal of Personality and Social Psychology, 1982, 43, 462–474.
Grossman, M. I. & Stein, I. F. Vagotomy and the hunger-producing action of insulin in man. Journal of Applied Physiology, 1948, 1, 263–269.
Hamilton, J. O. Motivation and risk-taking behavior. Journal of Personality and Social Psychology, 1974, 29, 856–864.
Hansen, R. D. Commonsense attribution. Journal of Personality and Social Psychology, 1980, 39, 996–1009.
Hariton, E. B. & Singer, J. L. Women's fantasies during sexual intercourse. Journal of Consulting and Clinical Psychology, 1974, 42, 313–322.
Hart, B. L. Gonadal androgen and sociosexual behavior of male mammals: A comparative analysis. Psychological Bulletin, 1974, 81, 383–400.
Heckhausen, H. Hoffnung und Furcht in der Leistungsmotivation. Meisenheim: Hain, 1963.
Heckhausen, H. Achievement motivation and its constructs: A cognitive model. Motivation and Emotion, 1977, 1, 283–329.
Heckhausen, H. Motivation und Handeln. Heidelberg: Springer, 1980.
Heckhausen, H. Why some time out might benefit achievement motivation research. In J. H. L. van den Bercken, Th. C. M. Bergen & E. E. J. DeBruyn (Hg.) Achievement and task motivation. Lisse-Holland: Swets & Zeitlinger; Berwy Pa.: Swets North America, in Vorb.
Heckhausen, H. & Gollwitzer, P. Information processing before and after the formation of an intent. In F. Klix & H. Hagendorf (Hg.). In memoriam Hermann Ebbinghaus: Symposium on structure and function of human memory. Amsterdam: Elsevier, North Holland, in Vorb.
Heckhausen, H. & Kuhl, J. From wishes to action: The dead ends and short cuts on the long way to action. In M. Frese & J. Sabini (Hg.) Goal-directed behavior: Psychological theory and research on action. Hillsdale, N. J.: Erlbaum, 1985.
Heckhausen, H., Schmalt, H.-D. & Schneider, K. Achievement motivation in perspective. New York: Academic Press, 1985.
Heider, F. The psychology of interpersonal relations. New York: Wiley, 1958.
Hilgard, E. R. Motivation in learning theory. In S. Koch (Hg.) Psychology. A study of a science. Vol. 5. New York: McGraw-Hill, 1963, 253–283.
Hillgruber, A. Fortlaufende Arbeit und Willensbetätigung. Untersuchungen zur Psychologie und Philosophie, 1912, 1, Heft 6.
Hinde, R. A. Some recent trends in ethology. In S. Koch (Hg.) Psychology. A study of a science. Vol. 2. New York: McGraw-Hill, 1959, 561–610.
Hiroto, D. S. & Seligman, M. E. P. Generality of learned helplessness in man. Journal of Personality and Social Psychology, 1975, 31, 311–327.

Holst, E. von. Relations between central nervous system and peripheral sense organs. British Journal of Animal Behaviour, 1954, 2, 89–94.
Holst, E. von & Mittelstaedt, H. Das Reafferenzprinzip (Wechselwirkungen zwischen Zentralnervensystem und Peripherie). Die Naturwissenschaften, 1950, 37, 464–476.
Hull, C. L. Goal attraction and directing ideas conceived as habit phenomena. Psychological Review, 1931, 38, 387–506.
Hull, C. L. Principles of behavior. New York: Appleton-Century-Crofts, 1943.
Hull, C. L. Essentials of behavior. New Haven: Yale University Press, 1951.
Hull, C. L. A behavior system: An introduction to behavior theory concerning the individual organism. New Haven: Yale University Press, 1952.
James, W. The principles of psychology (2 vols). New York: Holt, 1890.
Jardine, E. & Winefield, A. H. Achievement motivation, psychological reactance, and learned helplessness. Motivation and Emotion, 1981, 5, 99–113.
Jones, E. E. & Davis, K. E. From acts to dispositions: The attribution process in person perception. In L. Berkowitz (Hg.) Advances in Experimental Social Psychology (Vol. 2). New York: Academic Press, 1965, 219–266.
Jones, M. R. Introduction. In M. R. Jones (Hg.) Nebraska Symposium on Motivation. Lincoln: University of Nebraska Press, 1955.
Karabenick, S. A. & Youssef, Z. I. Performance as a function of achievement motive level and perceived difficulty. Journal of Personality and Social Psychology, 1968, 10, 414–419.
Kelley, H. H. Attribution theory in social psychology. In D. Levine (Hg.) Nebraska Symposium on Motivation. Lincoln: University of Nebraska Press, 1967, 192–238.
Kelley, H. H. & Michela, J. L. Attribution theory and research. Annual Review of Psychology, 1980, 31, 457–501.
Kelley, K., Miller, C. T., Byrne, D. & Bell, P. A. Facilitating sexual arousal via anger, aggression, or dominance. Motivation and Emotion, 1983, 191–202.
Köhler, W. Psychologische Probleme. Berlin: Verlag von Julius Springer, 1933.
Kornadt, H.-J. Die Entwicklung der Frustrations- und der Aggressionsforschung. In H.-J. Kornadt (Hg.) Aggression und Frustration als psychologisches Problem. Darmstadt: Wissenschaftliche Buchgesellschaft, 1981, 3–59.
Krahé, B. Die Zuschreibung von Verantwortlichkeit nach Vergewaltigungen: Opfer und Täter im Dickicht der attributionstheoretischen Forschung. Psychologische Rundschau, 1985, 36, 67–82.
Krug, S. Motivförderungsprogramme: Möglichkeiten und Grenzen. Zeitschrift für Entwicklungspsychologie und Pädagogische Psychologie, 1983, 15, 317–346.
Kuhl, J. Motivational and functional helplessness: The moderating effect of state versus action orientation. Journal of Personality and Social Psychology, 1981, 40, 155–170.
Kuhl, J. Motivation, Konflikt und Handlungskontrolle. Berlin: Springer, 1983.
Kuhl, J. Volitional aspects of achievement motivation and learned helplessness: Toward a comprehensive theory of action control. In B. A. Maher

& W. B. Maher (Hg.) Progress in Experimental Personality Research Vol. 13. New York: Academic Press, 1984, 99–171.
Lau, R. R. Dynamics of the attribution process. Journal of Personality and Social Psychology, 1984, 46, 1017–1028.
Lau, R. R. & Russell, D. Attributions in the sports pages: A field test of some current hypotheses in attribution research. Journal of Personality and Social Psychology, 1980, 39, 29–38.
Laux, L. Psychologische Streßkonzeptionen. In H. Thomae (Hg.) Enzyklopädie der Psychologie. Theorien und Formen der Motivation. Göttingen: Hogrefe, 1983, 453–535.
Lazarus, R. S. On the primacy of cognition. American Psychologist, 1984, 39, 124–129.
Leeper, R. A motivational theory of emotion to replace »emotion as disorganized response«. Psychological Review, 1948, 55, 5–21.
Lewin, K. Das Problem der Willensmessung und das Grundgesetz der Assoziation. I. und II. Psychologische Forschung, 1922, 1, 191–302 und 1922, 2, 65–140.
Lewin, K. Untersuchungen zur Handlungs- und Affektpsychologie. II. Vorsatz, Wille und Bedürfnis. Psychologische Forschung, 1926, 7, 330–385.
Lewin, K. A dynamic theory of personality: Selected papers. New York: McGraw-Hill, 1935.
Lewin, K. The conceptual representation and the measurement of psychological forces. Durham, N. C.: Duke University Press, 1938.
Lewin, K., Dembo, T., Festinger, L. & Sears, P. Level of aspiration. In J. McV. Hunt (Hg.) Personality and the behavior disorders. New York: Ronald, 1944, 333–378.
Lewin, K. Behavior and development as a function of the total situation. In L. Carmichael (Hg.) Manual of child psychology. New York: Wiley, 1946, 791–844.
Lindworsky, J. Der Wille, seine Erscheinung und seine Beherrschung. Leipzig: Barth, 1919.
Lindworsky, J. Experimentelle Psychologie. Band V der Philosophischen Handbibliothek. 2. Auflage. München: Kösel & Pustet, 1922.
Lindworsky, J. Der Wille, seine Erscheinung und seine Beherrschung. Dritte erweiterte Auflage. Leipzig: Barth, 1923.
Lindworsky, J. Willensschule, Paderborn: Schöningh, 1932.
Lissner, K. Die Entspannung von Bedürfnissen durch Ersatzhandlungen. Psychologische Forschung, 1933, 18, 218–250.
Locke, E. A. Towards a theory of task motivation and incentives. Organizational Behavior and Human Performance, 1968, 3, 218–250.
Locke, E. A. Shaw, K. N., Saari, L. M. & Latham, G. P. Goal setting and task performance: 1969–1980. Psychological Bulletin, 1981, 90, 125–152.
Lorenz, K. Über die Bildung des Instinktbegriffs (1937). In K. Lorenz (Hg.) Über tierisches und menschliches Verhalten. Aus dem Werdegang der Verhaltenslehre. Gesammelte Abhandlungen Band I. München: Piper, 1965, 283–342.
Lorenz, K. Induktive und teleologische Psychologie (1942). In K. Lorenz (Hg.) Über tierisches und menschliches Verhalten. Aus dem Werdegang der Verhaltenslehre. Gesammelte Abhandlungen Band I. München: Piper, 1965, 380–401.
Lorenz, K. Psychologie und Stammesgeschichte (1954). In K. Lorenz (Hg.) Über tierisches und menschliches Verhalten. Aus dem Werdegang der

Verhaltenslehre. Gesammelte Abhandlungen Band II. München: Piper, 1965, 201–254.
Lorenz, K. & Tinbergen N. Taxis und Instinkthandlungen in der Eirollbewegung der Graugans (1938). In: K. Lorenz (Hg.) Über tierisches und menschliches Verhalten. Aus dem Werdegang der Verhaltenslehre. Gesammelte Abhandlungen Band I. München: Piper, 1965, 343–379.
Madsen, K. B. Modern theories of motivation. Copenhagen: Munksgaard, 1974.
Major, B. Information acquisition and attribution process. Journal of Personality and Social Psychology, 1980, 39, 1010–1023.
Mandler, G. The construction and limitation of consciousness. In V. Sarris & A. Parducci (Hg.) Perspectives in psychological experimentation: Toward the year 2000. Hillsdale, N. J.: Erlbaum, 1984, 109–126.
Marcel, A. J. Conscious and unconscious perception: An approach to the relations between phenomenal experience and perceptual processes. Cognitive Psychology, 1983, 15, 238–300.
Markus, H. Self-knowledge: An expanded view. Journal of Personality, 1983, 51, 543–565.
Markus, H. & Sentis, K. The self in social information processing. In J. Suls (Hg.) Psychological perspectives on the self. Hillsdale, N. J.: Erlbaum, 1982, 41–70.
Maslow, A. H. Motivation and Personality. New York: Harper, 1954.
McArthur, L. A. The how and what of why: Some determinants and consequences of causal attribution. Journal of Personality and Social Psychology, 1972, 22, 171–193.
McClelland, D. C. Motive dispositions: The merits of operant and respondent measures. In L. Wheeler (Hg.) Review of personality and social psychology (Vol. 1). Beverly Hills, CA: Sage, 1980.
McClelland, D. C. How motives, skills, and values determine what people do. American Psychologist, 1985, 40, 812–825.
McClelland, D. C., Atkinson, J. W., Clark, R. A. & Lowell, E. L. The achievement motive. New York: Appleton-Century-Crofts, 1953.
McDougall, W. An introduction to social psychology. London: Methuen, 1908.
Meumann, E. Intelligenz und Wille. Leipzig: Quelle & Meyer, 1908.
Meyer, W.-U. Leistungsmotiv und Ursachenerklärung von Erfolg und Mißerfolg. Stuttgart: Klett, 1973.
Meyer, W.-U. Attributionstheoretische Ansätze. In H. A. Euler & H. Mandl (Hg.) Emotionspsychologie. Ein Handbuch in Schlüsselbegriffen. München: Urban & Schwarzenberg, 1983, 80–85.
Michotte, A. & Prüm, N. Etude expérimental sur le choix volontaire et ses antécédents immédiates. Archives de Psychologie, 1910, 10, 119–299.
Milgram, S. Obedience to authority. London: Tavistock, 1974.
Miller, N. E. An experimental investigation of acquired drives. Psychological Bulletin, 1941, 38, 534–535.
Miller, N. E. Studies of fear as an acquirable drive: I. Fear as motivation and fear-reduction as reinforcement in the learning of new responses. Journal of Experimental Psychology, 1948, 38, 89–101.
Miller, N. E. & Dollard, J. Social learning and imitation. New Haven: Yale University Press, 1941.
Miller, G. A., Galanter, E. & Pribram, K. H. Plans and the structure of behavior. New York: Holt, Rinehart & Winston, 1960.
Mischel, W. Personality and assessment. New York: Wiley, 1968.
Mischel, W. & Patterson, C. J. Substantive and structural elements of effec-

tive plans for self-control. Journal of Personality and Social Psychology, 1976, 34, 942–950.
Mowrer, O. H. Learning theory and behavior. New York: Wiley, 1960.
Mummendey, A. Aggressives Verhalten. In H. Thomae (Hg.) Enzyklopädie der Psychologie. Psychologie der Motive. Göttingen: Hogrefe, 1983, 321–439.
Murray, H. A. Explorations in personality. New York: Oxford University Press, 1938.
Myers, C. R. Journal citations and scientific eminence in contemporary psychology. American Psychologist, 1970, 25, 1041–1048.
Nicholls, J. G. Effort is virtuous, but it's better to have ability: Evaluative responses to perceptions of effort and ability. Journal of Research in Personality, 1976, 10, 306–315.
Olds, J., Allan, W. S. & Briese, E. Differentiation of hypothalamic drive and reward centers. American Journal of Physiology, 1971, 221, 368–375.
Olds, B. & Milner, P. Positive reinforcement produced by electrical stimulation of septal area and other regions of rat brain. Journal of Comparative and Physiological Psychology, 1954, 47, 419–427.
Oltersdorf, G. Persistenzverhalten Mißerfolgsmotivierter nach Mißerfolg. Unveröffentlichte Diplomarbeit, Psychologisches Institut der Ruhr-Universität Bochum, 1978.
Orvis, B. R., Cunningham, J. D. & Kelley, H. H. A closer examination of causal inference: The roles of consensus, distinctiveness, and consistency information. Journal of Personality and Social Psychology, 1975, 32, 605–616.
Overmier, J. B. & Seligman, M. E. P. Effects of inescapable shock upon subsequent escape and avoidance learning. Journal of Comparative and Physiological Psychology, 1967, 63, 28–33.
Ovsiankina, M. Die Wiederaufnahme unterbrochener Handlungen. Psychologische Forschung, 1928, 11, 302–379.
Perin, C. I. Behavioral potentiality as a joint function of the amount of training and the degree of hunger at the time of extinction. Journal of Experimental Psychology, 1942, 30, 93–113.
Pryor, J. B., Gibbons, F. X., Wicklund, R. A., Fazio, R. H. & Hood, R. Self-focused attention and self-report validity. Journal of Personality, 1977, 45, 513–527.
Reisenzein, R. The Schachter theory of emotion: Two decades later. Psychological Bulletin, 1983, 94, 239–264.
Richter, C. P. On the phenomenon of sudden death in animals and man. Psychosomatic Medicine, 1957, 19, 191–198.
Roth, S. A revised model of learned helplessness in humans. Journal of Personality, 1980, 48, 103–133.
Rule, B. G. & Nesdale, A. R. Emotional arousal and aggressive behavior. Psychological Bulletin, 1976, 83, 851–863.
Sarason, I. G. Anxiety and self-preoccupation. In I. G. Sarason & C. D. Spielberger (Hg.) Stress and anxiety (Vol. 2). Washington, DC: Hemisphere, 1975, 27–44.
Schachter, S. The interaction of cognitive and physiological determinants of emotional state. In L. Berkowitz (Hg.) Advances in Experimental Social Psychology (Vol. I). New York: Academic Press, 1964, 49–80.
Schachter, S. & Singer, J. E. Cognitive, social, and physiological determinants of emotional state. Psychological Review, 1962, 69, 379–399.
Scheier, M. F. & Carver, C. S. Self-focused attention and the experience of

emotion: Attraction, repulsion, elation, and depression. Journal of Personality and Social Psychology, 1977, 35, 625–636.
Scheier, M. F. & Carver, C. S. Self-directed attention and the comparison of self with standards. Journal of Experimental Social Psychology, 1983, 19, 205–222.
Schmalt, H.-D. Die Messung des Leistungsmotivs. Göttingen: Hogrefe, 1976 (a).
Schmalt, H.-D. Das LM-Gitter. Handanweisung. Göttingen: Hogrefe, 1976 (b).
Schmalt, H.-D. Leistungsthematische Kognitionen. I: Kausalerklärungen für Erfolg und Mißerfolg. Zeitschrift für Experimentelle und Angewandte Psychologie, 1978, 25, 246–272.
Schmalt, H.-D. Leistungsthematische Kognitionen. II: Kausalattribuierungen, Erfolgserwartungen und Affekte. Zeitschrift für Experimentelle und Angewandte Psychologie, 1979, 26, 509–531.
Schmalt, H.-D. Two concepts of fear of failure motivation. In R. Schwarzer, H. van der Ploeg & C. D. Spielberger (Hg.) Advances in test anxiety research (Vol. 1). Lisse: Swets & Zeitlinger, 1982, 45–52.
Schmalt, H.-D. Psychologische Aspekte einer Theorie der Handlung. In H. Lenk (Hg.) Handlungstheorien – interdisziplinär. Bd. III. Zweiter Halbband. München: Fink, 1984, 517–546.
Schmalt, H.-D. & Heckhausen, H. Motivation. In H. Spada (Hg.) Lehrbuch der Allgemeinen Psychologie, in Vorb.
Schmidt, K. H., Kleinbeck, U. & Brockmann, W. Motivational control of motor performance by goal-setting in a dual-task situation. Psychological Research, 1984, 46, 129–141.
Schneider, K. Wirkungen von Erfolg und Mißerfolg auf Anstrengung und Leistung. Beitrag zu dem vom Fachbereich Psychologie der Philipps-Universität am 26. 11. 1983 zu Ehren von Herrn Prof. Dr. Dr. h.c. Heinrich Düker anläßlich seines 85. Geburtstages veranstalteten Festkolloquiums. Marburg, 1983.
Schneider, K. Emotionen. In H. Spada (Hg.) Lehrbuch der Allgemeinen Psychologie, in Vorb.
Schneider, K. & Meise, C. Leistungs- und anschlußmotiviertes Risikoverhalten bei der Aufgabenwahl. In K. Schneider, Motivation unter Erfolgsrisiko. Göttingen: Hogrefe, 1973, 212–238.
Schneider, K. & Schmalt, H.-D. Motivation. Stuttgart: Kohlhammer, 1981.
Schwarzer, R. Streß, Angst und Hilflosigkeit. Stuttgart: Kohlhammer, 1982.
Seligman, M. E. P. Helplessness: On depression, development, and death. San Francisco: Freeman, 1975.
Selz, O. Die experimentelle Untersuchung des Willensaktes. Zeitschrift für Psychologie, 1911, 57, 241–270.
Snyder, M. Self-monitoring of expressive behavior. Journal of Personality and Social Psychology, 1974, 30, 526–537.
Snyder, M. The influence of individuals on situations: Implications for understanding the links between personality and social behavior. Journal of Personality, 1983, 51, 497–516.
Snyder, M. & Gangestad, S. Choosing social situations: Two investigations of self-monitoring processes. Journal of Personality and Social Psychology, 1982, 43, 123–135.
Stellar, E. The psychology of motivation. Psychological Review, 1954, 61, 5–22.

Tedeschi, J. T., Smith, R. B. & Brown, R. C. A reinterpretation of research on aggression. Psychological Bulletin, 1974, 81, 540–562.
Tennen, H. & Eller, S. J. Attributional components of learned helplessness and facilitation. Journal of Personality and Social Psychology, 1977, 35, 265–271.
Thorndike, E. L. Animal intelligence. New York: Macmillan, 1911.
Tiggemann, M., Barnett, A. & Winefield, A. H. Uncontrollability versus perceived failure as determinants of subsequent performance deficits. Motivation and Emotion, 1983, 7, 257–268.
Tinbergen, N. The study of instinct. London: Oxford University Press, 1951.
Tolman, E. C. Purposive behavior in animals and men. New York: Appleton-Century-Crofts, 1932 (a).
Tolman, E. C. Lewin's concept of vectors. Journal of General Psychology, 1932, 7, 3–15 (b).
Tolman, E. C. Principles of purposive behavior. In S. Koch (Hg.) Psychology: A study of a science (Vol. 2). New York: McGraw-Hill, 1959, 92–157.
Tolman, E. C. & Honzik, C. N. Degrees of hunger, reward and nonreward, and maze learning in rats. University of California Publications in Psychology, 1930, 4, 241–256 (a).
Tolman, E. C. & Honzik, C. N. »Insight« in rats. University of California Publications in Psychology, 1930, 4, 215–232 (b).
Tomkins, S. S. Affect, imagery, consciousness. Vol. I: The positive affects. New York: Springer, 1962.
Vroom, V. H. Work and motivation. New York: Wiley, 1964.
Weiner, B. Theories of motivation. Chicago: Markham, 1972.
Weiner, B. The emotional consequences of causal attributions. In M. S. Clark & S. T. Fiske (Hg.) Affect and cognition. The Seventeenth Annual Carnegie Symposium on Cognition. Hillsdale, N. J.: Erlbaum, 1982, 185–209.
Weiner, B. »Spontaneous« causal thinking. Psychological Bulletin, 1985, 97, 74–84.
Weiner, B. & Kukla, A. An attributional analysis of achievement motivation. Journal of Personality and Social Psychology, 1970, 15, 1–20.
Weiner, B. & Litman-Adizes, T. An attributional, expectancy-value analysis of learned helplessness and depression. In J. Garber & M. E. P. Seligman (Hg.) Human helplessness. Theory and applications. New York: Academic Press, 1980, 35–57.
Weiner, B., Russell, D. & Lerman, D. Affective consequences of causal ascriptions. In J. H. Harvey, W. J. Ickes & R. F. Kidd (Hg.) New directions in attribution research (Vol. 2). Hillsdale, N. J.: Erlbaum, 1978, 59–90.
Weiner, B., Russell, D. & Lerman, D. The cognition-emotion process in achievement-related contexts. Journal of Personality and Social Psychology, 1979, 37, 1211–1220.
Weiner, B. & Sierad, J. Misattribution for failure and enhancement of achievement strivings. Journal of Personality and Social Psychology, 1975, 31, 415–421.
Weiner, B., Frieze, I. H., Kukla, A., Reed, L., Rest, S. & Rosenbaum, R. M. Perceiving the causes of success and failure. New York: General Learning Press, 1971.
Wicklund, R. A. Objective self-awareness. In L. Berkowitz (Hg.) Advances in Experimental Social Psychology (Vol. 8). New York: Academic Press, 1975, 233–275.

Wicklund, R. A. Self-focused attention and the validity of self-reports. In M. P. Zanna, E. T. Higgins & C. P. Herman (Hg.) Consistency in social behavior. The Ontario Symposium (Vol. 2). Hillsdale, N. J.: Erlbaum, 1982, 149–172.
Williams, S. B. Resistance to extinction as a function of the number of reinforcements. Journal of Experimental Psychology, 1938, 23, 506–521.
Wine, J. D. Evaluation anxiety: A cognitive-attentional construct. In H. W. Krohne & L. Laux (Hg.) Achievement, stress and anxiety. Washington: Hemisphere, 1982, 207–219.
Witte, W. Ist all das, was man umgangssprachlich Handeln nennt, Verhalten spezifischer Art? In A. Thomas (Hg.) Psychologie der Handlung und Bewegung. Meisenheim: Hain, 1976, 23–55.
Wong, P. T. P. & Weiner, B. When people ask »why« questions, and the heuristics of attributional search. Journal of Personality and Social Psychology, 1981, 40, 650–663.
Wortman, C. B. & Brehm, J. W. Responses to uncontrollable outcomes: An integration of reactance theory and the learned helplessness model. In L. Berkowitz (Hg.) Advances in Experimental Social Psychology (Vol. 8). New York: Academic Press, 1975, 277–336.
Wright, J. & Mischel, W. Influence of affect on cognitive social learning person variables. Journal of Personality and Social Psychology, 1982, 43, 901–914.
Wundt, W. Grundriß der Psychologie. Leipzig: Engelmann, 1896.
Wundt, W. Grundriß der Psychologie. Siebente verbesserte Auflage. Leipzig: Engelmann, 1905.
Wundt, W. Einführung in die Psychologie. Vierter Abdruck. Leipzig: Dürr'sche Buchhandlung, 1918.
Young, P. T. Food-seeking drive, affective process, and learning. Psychological Review, 1949, 56, 98–121.
Zillmann, D. Hostility and aggression. Hillsdale, N. J.: Erlbaum, 1979.
Zillmann, D. Arousal and aggression. In R. G. Geen & E. I. Donnerstein (Hg.) Aggression. Theoretical and empirical reviews. Vol. 1: Theoretical and methodological issues. New York: Academic Press, 1983, 75–101.
Zillmann, D. & Bryant, J. Effect of residual excitation on the emotional response to provocation and delayed aggressive behavior. Journal of Personality and Social Psychology, 1974, 30, 782–791.

Sachwortregister